マンガでわかる！

安売りするな！「価値」を売れ！

藤村正宏 著
矢尾なおや 漫画

実業之日本社

200×年
クリスマス・イブ
ここじゃなきゃ
嫌なの!!
ちょっ…
こんなところで
ぜーったい
嫌だからねっ
どこで
買ったって
同じだろ?
全然違う!
中村奈々
20歳

銀座のカルティエ本店で買わなきゃ意味がないの！
何のだよ
ここで買うタンクフランセーズ
安売店で買うタンクフランセーズどっちも同じだろ
安売店で買えば7万5000円も浮くんだぞ？
その金で奈々と一緒に温泉行けるんだよ？
ろてん付の部屋とかとってさー！
イ・ヤ

STOP!

彼女が本当に欲しかったモノ
あなたにはわかりますか？

はじめに◎**「価値」を伝えて圧倒的に売上を上げよう！**

あ〜あ、とうとう泣かせちゃった。

彼女が本当に欲しいものは何か、彼には最後までわからなかったんですね。

こんな男性ばかりだから、モノが売れない。ボクはそう思います。

あ、ご挨拶が遅れました。

こんにちは、マーケティング・コンサルタントの藤村正宏です。

ボクは、「モノが売れない時代にどうやったら売れますか」「価格競争に巻き込まれてヘトヘトです」という悩みを抱えたお客さまからの依頼を受けて、企業のコンサルタントをしたり、セミナーを開催したり、経営者や販促担当者を集めた私塾「エクスペリエンス・マーケティング実践塾」を主催したり、講演・出版活動をしたり、ブログやツイッター・フェイスブックといったSNSや、メルマガで発信したり……**さまざまなところで、たくさんのツールを使って「安売りしないで売るための方法」を伝え続けてきました。**

ボクのセミナーを受けた人、主催する塾の塾生さん、コンサルタント先は、この時代、安売りしなくても増収増益を続けています。

コンサルタント先はパナソニックやイオン、カメラのキタムラ、大正製薬といったいわゆる大企業もあれば、中小企業、小さいお店の店主さんもいる。売上数千万円の会社から兆を超える企業まで、業種も小売、アパレル、印刷会社、ホテル、美容院、レストラン、アウトレットショップなどさまざま。

でも、**景気に関係なくものすごい成果をあげている点は共通しています。**

どうしてそんなことができるのでしょう。

ボクは魔法使いなのでしょうか？

魔法をかけて売れるようにしているのでしょうか？

まさかそんなことはありません。

ボクがやっていることは、実にシンプルです。

それぞれのクライアントの独自の価値をつくって（見つけて）、その価値をお客さまに伝わるかたちで発信する。

このお手伝いをする、ただそれだけのことです。

それを、ボクは「エクスペリエンス・マーケティング」（体験型マーケティング。略してエクスマ）の手法と呼んでいます。

まず独自の価値をつくる（見つける）ために、ボクは塾やセミナー、コンサルタントの現場で徹底的にお客さまと対話をします。

その商品・サービス・ブランドに込めた思い、どんな人に使ってほしいのか、どうしてそのビジネスをやっているのか、そういうことを時間をかけて聞き出すのです。

多くの人は、モノを売ることばかりに一所懸命になっている。

でも、大事なのは「体験を売る」という視点です。

たとえば、お菓子をつくっているメーカーは、ケーキやクッキーを売っているのではなく、お誕生日や結婚式などの記念日の価値を高めているのかもしれないし、お菓子を通して笑顔が溢れる社会をつくることに貢献しているのかもしれない。

カメラ専門店は、ただ単にカメラや写真のプリントを売っているのではなく、思い出という宝物を残すためのお手伝いをしているのかもしれない。

「体験を売る」とは、こういうことです。

では、質問です。

さっき、銀座のカルティエ本店前で泣き出してしまった女性・奈々。彼女は本当にタンクフランセーズが欲しかったのでしょうか?

ま、確かに欲しいでしょう。

タンクフランセーズというのはカルティエ史上に残る名品です。美しく、知的でシンプルなデザイン。お洒落で、さり気なく存在感を主張していて、持っている人のセンスのいいライフスタイルを表しているようなモノです。定価は当時、だいたい29万円くらいしました。

しかし、正確にいうと彼女は、

「カルティエのタンクフランセーズという『モノ』としての時計が欲しかったのではなく、クリスマス・イブに、彼と一緒に銀座カルティエ本店の、ゴージャスな雰囲気の店内で、女性店員が恭しく接客してくれて、白手袋でケースの中から出してくれたタンクフランセーズを買うという、特別な素敵なクリスマスの『体験』が欲しかった」んです。

伝わってますか？

そうです。この「体験」が欲しいということを理解できないと、モノが売れないのです。

「銀座カルティエ事件」は20年近く前にボクが実際に目撃したことでした。

このカップルの会話をきっかけに、体験を売ることの大切さに気づき、体験型マーケティング「エクスマ」を提唱するようになりました。

自分の商品・サービス・ブランドのターゲットは誰か？　誰を幸せにするのか？
お客さまにどんな体験をもたらすか？

それが「独自の価値」なのです。

ごく当たり前に見える商品・サービス・ブランドでも、組み合わせたり、視点を変えたりするだけで独自の価値になることもあります。

たとえば、**バレンタインデーに花束を売りたいと思っていた花屋さんがいました。**

でもバレンタインデーは女性が男性にチョコレートなどの贈り物をするイベントです。

だから花束は売れない。

そこで花束にチョコレートとシャンパンを組み合わせた商品に「ヨーロッパでは花とチョコレートとシャンパンが愛の3大ギフトといわれています。あなたの本気が伝わる最高の恋のギフト」というＰＯＰをつけて、**ちがう意味づけで売りました。**

そうすると、それがその店の独自の価値になり、通常の5倍近く売れた。

価値をつくり出すことで、うまくいったわけです。

そして、次に大事なのが、その価値を伝えていくこと。
どんなに素晴らしい価値であっても、その価値がお客さまに伝わっていなければ、お客さまにとっては存在しないのと同じことです。

存在しないものはお客さまに選ばれない。

売れるわけがありません。
選ばれるためには、お客さまに選んでもらう理由を伝えなければならないのです。
言葉を換えれば、お客さまが選ぶ理由をつくってあげることが大事なんです。

売れる商品があるのではなく、
「売れる売り方」があるだけ。

ボクは本当にそう思います。

前年対比で売上5倍!
バレンタインデーに
花束が飛ぶように売れた
すご~いアイデア!
ヨーロッパでは、
花・チョコレート・シャンパンが
愛の3大ギフトといわれています。
義理ではない
あなたの本気が伝わる
「最高の恋」のギフトです。
FAUCHON

チョコレートとシャンパン、花束を組み合わせて
新しい「価値」を創造。
花束というモノではなく、
「愛の告白」という体験価値を売って大成功をおさめた。
花屋さんが売っているのは「花」ではないのだ。

この本のマンガ部分では、業績悪化が続くホテルを舞台に、新米女将の奈々が悪戦苦闘しながらも、「モノではなく『体験』を売ること」に気がつき、「独自の価値を見つけ」、それを「発信」し、「ビジネスの真理」に気づいていく過程を描いていきます。

本文では、マンガに登場する「エクスマ」を理論と実例でわかりやすく解説していきます。あ、マンガの最終章にはボクも登場しますので、お楽しみに。

あなたも、本書を読むことで、自分の商品・サービス・ブランドの「価値」を見出し、それをきちんと発信することで、売れるようになるのです。

大丈夫です。

だって、もうすでにたくさんの会社やお店が、こんな時代にも繁盛しているのですから。さあ、ここからスタートしましょう。

２０１６年1月

藤村正宏

目次

マンガでわかる！　安売りするな！「価値」を売れ！

第3章

「個」を出してお客さまと関係性を築こう

装幀・本文設計・DTP◎ホリウチミホ（nixinc）
カバーイラスト◎矢尾なおや
マンガ制作協力◎株式会社はちどり
取材協力◎中村ゆかり（ホテル五龍館）
企画・編集◎酒井圭子

※マンガは実在する「ホテル五龍館」を舞台に
さまざまなマーケティング事例を盛り込んだフィクションです。

第1章

売れてるものはどこが違う？

徳南中央病院
ホテルを売却!?
今回のことでもう若くないんだと思い知らされてな
お父さんが倒れたら私も女将を続けるのは無理だもの
中村奈々 26歳
だって…3カ月で退院できるんでしょ?
できてもまた倒れたりしたらみんなに迷惑かけるし
奈々も充《兄》も東京で仕事がんばっているんだろ?
充には家庭もあるしね
中村ゆかり (五龍館 女将)
中村実彦 (五龍館 3代目)

確かに義姉さんも都会っ子だし
兄さんのところは子供の翔ちゃんの学校のこともあるけど…
私の実家は長野県白馬村スキー場が目の前にある
冬はスキー夏は登山の観光客で賑わうけど
景気の影響もありここ20年ほどでお客さまは減少していった
白馬 ホテル 五龍館
38室の温泉ホテルで従業員は25名曾祖父が80年前に創業した
でも私にとってはこの「ホテル五龍館」がふるさとに変わりはないんです
だから…
ねぇお父さんお母さん

私
ホテルを継ぐわ
女将になるわ
私は自分のふるさとを守るために4年間勤めた小さなデザイン会社を辞め実家に戻ることにしました
安売り!?
これまでの五龍館《ウチ》の料金は1泊2日で1万3000円
それをななまるからろくごーで
7000円
6500円
旅行会社と話をつけてきたよ
おまえに全部任せるから何も言わないが…
大丈夫なの？

世の中これだけ安売りツアーが溢れているんだもん
安くしないとお客さまは来てくれないわ!
そこでしっかりサービスすれば評判が上がって
人気の宿になるんだから
ザワ
ザワ
家族連れがこんなに…
あ…これか…
カメラのキタムラのこども写真館スタジオマリオ
七五三撮影
3つの理由
無料
千歳飴プレゼント
思い出作りはスタジオマリオで決まり!

お客さまは
安いものが好き…
大丈夫よ……
トゥルルルルル
はい 五龍館です
はい…
ご予約ですね？
ありがとうございます!
はいっ
ありがとう
ございます
ご予約ですね
かしこまりました
奈々さん
サイトのほうにも
予約が……
やった!!

ズラッ
満室っ値段を下げただけなのに…
売上アップって簡単なことだったんだ
すみませ〜ん
は——い!!
あれ!?受付スタッフは!?
ヒー
ズだけ!?
今日は団体さまがいて人手が足りないんですよ
ザワ
ザワ
まだ待つの!?
くるっ
いえっただいまっ

なんだかドタバタして落ち着かないホテルねー
安いとスタッフも安っぽいのかしら
申し訳ありません
ムカッ
これも顧客満足を上げるため…!!
このお客さま方に評価されれば今後につながるんだもん!!
コチラへどうぞ!
ちょっと浴衣ってこれしかないの?
ビンボーくさい!
申し訳ありません後ほどお部屋のほうに別のものを…
トイレットペーパー固いんだけど!?
痛いじゃない!
申し訳ありませんただいま他のものとお取り替えいたします

天ぷら冷めてる!!
はっ
今温かいものとお取り替えします!
どっ
と疲れが
今までヒマだったんだから
これくらいのことはやるしかないのよ!!
はぁっ
はぁっ

STOP!
本当に安くしなければ売れないの？

01

あなたのお客さまは「安売り」なんて望んでいない

1000円と3000円……高いほうが選ばれた！

安くしなければ売れない。

高いものは売れない。

お客さまは安いものを欲しがっている。

世の中は安くなる方向に向かっている。

奈々の言葉にもありましたが、現代の日本はそんな雰囲気になっています。

でも、実は適正価格でも売れるのに、そう思い込んでいるだけなんじゃないでしょうか。


価値を正確にしっかりと伝えていないことが、安売り志向の原因になっている。

ボクはそう思うんです。

価値をしっかりと届ければ、安売りしなくても適正価格で販売できます。

だいたい消費者は本当に安売りを望んでいるのでしょうか?


「安くしないと、お客さまは買ってくれない」

実はそういうのは、売っているほうの思い込み、ってこと。


売っているあなたがそう思い込んだら、これはもう安売りから脱却することは無理です。

永遠に安売りスパイラルにはまり込んで、働いても、働いても暮らしは楽になりません。


こういうことがありました。

ある街の商工会議所のセミナーで、ある会社の社長さんが、ボクに報告してくれたお話です。その会社は墓石や仏花を販売している会社なんですね。

霊園のすぐ隣に大きな店があって、仏花を売っています。

1000円、2000円、3000円という価格の商品があります。

以前は「3000円の花はあまり売れないから」ということで花の展示数を、

1000円　7割

2000円　2割
3000円　1割

こういうバランスで並べていたそうです。

ボクのセミナーを聞いていて、社長は「あっ！」と目からうろこが落ちたんですって。

その日から仏花の展示方法を次のように変えました。

1000円　2割
2000円　3割
3000円　5割

そう、一番高価な花を、一番目立つようにたくさん展示したわけです。

さらに、POPをつけた。

「年に一度のことですから　ご先祖さまに豪華な花をお供えしてあげてください」


そうするとどうでしょう。

圧倒的に3000円と2000円の花が売れるようになったそうです。

それまで仏花の客単価は1300円くらい。今は2400円くらいになったんです。

以前は、3000円の花は本当に売れていなかった。

というか、社長が勝手に思い込んでいたわけです。

「仏花は安くしなければ、売れない」と。

でも、お客さまは、ご先祖さまに供える花を安くあげようと思っている人ばかりではないってこと。

さらに……、「年に一度のことですから」といわれると、「そうだよな、年に一度、おじいちゃんとおばあちゃんに、いい花を供えてもバチは当たらないよな〜」と思って、高い花を買ってくれる人もいるってことです。

ここでのお客さまは、花というモノではなく、ご先祖さまへの弔いの気持ちという「体験」を買っているわけです。

ボクは10年以上前から「エクスペリエンス・マーケティング実践塾」というのをやっています。経営者や販促責任者、お店のオーナー、個人事業主、そういう方が参加しています。すでにたくさんの方がたくさんの気づきを得て、安売りから脱却しています。

安くしなくても売れる方法。

安くしなくても売れる商品。

安くしなくても繁盛する店。

安売りしないで、成功しているのです。

この実践塾の目的は、「安売りしないで、売れるしくみをつくり、仕合わせになる」。そういうこと。

安売りしなくても「価値」をつくり、それを正しく伝えると、売れていくのです。

「他にない価値を創出して、その価値をしっかりと伝える」

安売りしなくても売れるようになる方法は必ずあるんです。

「こだわりのお蕎麦？　だってもうそれフツウでしょ」

「こだわりの蕎麦」や「こだわりの自然素材のレストラン」。

かつては珍しくて価値があったものも、今やごく当たり前の存在になっています。

もう商品自体への「こだわり」が通用しない時代になったんです。


あなたの商品はきっと素晴らしい商品でしょう。

お客さまに喜ばれて、お客さまの生活を豊かにするものだと思います。

でもね、あなたがどんな素晴らしい商品を売っていても、それだけではダメなんです。

モノのよさ、サービスのよさだけでは、もう売れない時代です。

だって、あなたのライバルたちも、みんな素晴らしい商品・サービスを提供しているのですから。

今の日本ほど、クオリティの高い、質のいい商品が溢れている時代はありません。

たとえば、日本のメーカーがつくる4Kテレビは、どれもクオリティが高く、価格も安い。

日本のファストファッションの会社がつくる服は、ものすごく質が高い。おまけに安い。


「ウチの商品はただの商品じゃないよ。こだわった商品なんだから」

よく商品に「こだわっている」という店がありますよね。

「こだわった」商品を売れば売れる、といわれていました。


でもね、残念ですけど、もう「こだわり」じゃ売れないんです。


たとえばレストランで考えてみましょう。

よく、食材にこだわっているレストランとかありますよね。

「味にこだわっている」

「新鮮な素材にこだわっている」

「低農薬野菜にこだわっている」

「畑にこだわっている」
「健康にこだわっている」
「自然素材にこだわっている」

ちょっと見渡すとあなたのまわりにもこういうレストランがあるのではないでしょうか。街を歩いたら、必ずあります。「こだわっている飲食店」、それこそ「犬も歩けば」状態。ウチの近所のチェーンの居酒屋も、友達の近所のファミレスも、あなたの近くのバーガーショップも、み〜んな、こだわっている。

「グルメ志向」「健康志向」「自然志向」……ちょっと前はそれでよかったんです。あまりやっているところがなかったから。それで売れたんです。

でも、今はそういうところがたくさんある。

消費者にとって、こだわりは特別なことじゃなくなった。

「ウチは自然素材にこだわったレストランです」。そんな言葉は誰にも響かない。

だってみんなそうだから。

「材料と手打ちにこだわった蕎麦屋」。そんな言葉は誰にも響かない。

だってたくさんあるから。

長野県の戸隠に行ったら、こだわった蕎麦屋さんが何十軒もあります。

どのお店の蕎麦もとっても美味しい。

でも、行列ができている蕎麦屋さんとそうでもない蕎麦屋さんがある。

商品的にはそんなに差がない。

というか、とってもこだわった美味しい蕎麦屋さんのほうが行列ができていないこともある。

それはどういうことかというと、商品力以外の何かが決定的にちがうってことです。

商品のこだわりは、「スペック」です。

これって、「モノ」そのものを売っているってことですよね。

どんないい商品でも「スペック」では、選ばれない時代になりました。

今、大手ファミレスチェーンも食材にこだわっています。

契約農家から、こだわりの肉や野菜を仕入れて全国展開しています。

あるいは大手の居酒屋チェーン。

野菜にめちゃめちゃこだわっています。そして、安い。

生産者の顔が見える野菜を毎日新鮮なまま、全国の店舗で使っています。

あなたの店の隣にそういうチェーンが出店してきたときに、商品へのこだわりだけでお客さまに選んでもらえるかどうか。

みんながやっていることが、買う理由になりますか？

ならないですよね。

みんながやっていることだから、それが特別な「価値」にならない。

誰にも、価値が伝わらないんです。


「チェーン店のこだわりと、ウチのこだわりはちがうんだから大丈夫！」なんて思っていたら、あなたの店はとっても危ない。

奈々さん ちょっと いいですか？
田中（五龍館 営業担当）
ぐったり
なーにー…？
お客さまは増えてますが実際は赤字ですよ
ピクッ
大丈夫よ
ひら
ひら
今評価が上がればお客さまは次々と来るんだから
きっと今来ている方たちは
旅行会社のアンケートでいい点をつけてくれるハズよ
でも このままじゃ…
いいの！
がたんっ
お料理だって浴衣だってお客さまの言う通りにして
あんなにサービスしたんだから

必ず人気ホテルになるわ…！
えっ 売り出せないって どういうことですか!?
どうもこうも ないですよ
お客さまアンケートでは 5段階評価の2 ウチは評価が4以上じゃ ないと次のツアーは 組めないんです
旅行会社担当者
そんな…っ
赤字覚悟で やったのに…！
部屋が暗い 料理がしょぼい
スリッパが古い トイレットペーパーが 固い
男性 40代
女性 20代
お料理が安っぽかった。
味付けもしょっぱすぎ。

最低な宿だ　って
カチャッ…
奈々さん？
そんなこと言ったって…
どうしろって言うのよおぉっ
ヘコんでるわね——

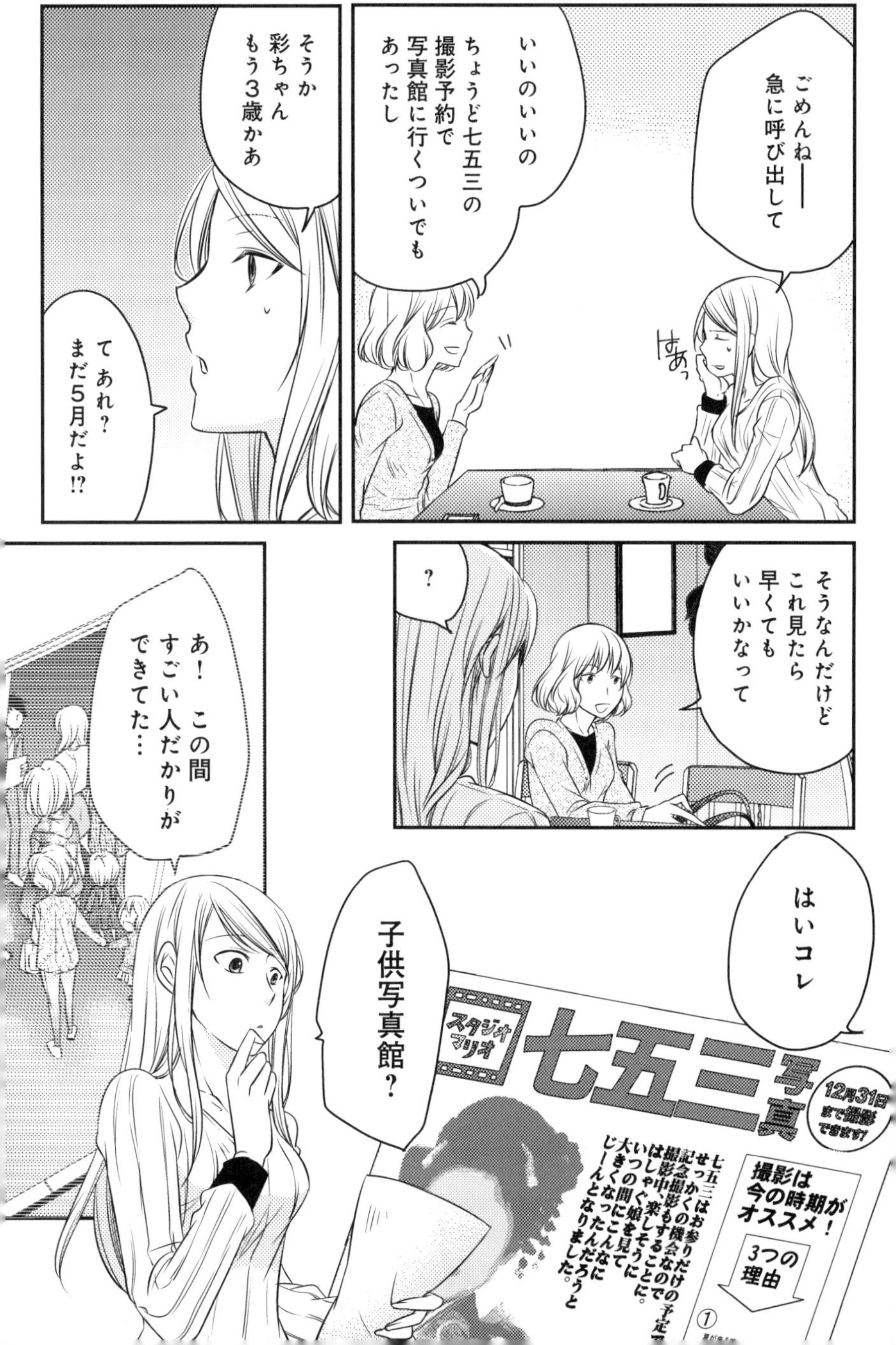

ごめんね──急に呼び出して
はあっ
いいのいいの ちょうど七五三の撮影予約で写真館に行くついでもあったし
そうか 彩ちゃん もう3歳かぁ
てあれ？まだ5月だよ!?
そうなんだけど これ見たら早くてもいいかなって
？
あ！ この間すごい人だかりができてた…
はいコレ
子供写真館？
スタジオマリオ
七五三写真
12月31日まで撮影できます!
撮影は今の時期がオススメ！
3つの理由
①
七五三は
せっかくのお参りだけの予定
記念撮影の機会なので
撮影もすることに。
撮影中、楽しそうに
はしゃぐ娘を見て
いつの間にこんなに
大きくなったんだろうと
じーんとなりました。

3つの理由
①
夏が来る前の今の時期なら
日焼け前に撮影できる！
②
混み合う前なので
えっ もう七五三の写真撮るの!?
夏が来る前って
そうなの
言われてみれば 夏休みの日焼けが残ったまま着物とかちょっとね
まっ くろ
確かに!!
まあ 写真も そうなんだけど…

このスタジオだと
子供が本当に
楽しそうに写真を
撮ってもらえるの
私たち 親が
本当に欲しい
ものってね…

本当に
欲しいもの…

STOP!
子供写真館が売って
いるものは写真？
それとも……？

02 モノやサービスを売っていては会社が潰れる！

大人気の子供写真館が売っているものは「思い出」

全国チェーンの「子供写真館」が業績を伸ばし続けています。
日本で一番の大手チェーンの「スタジオアリス」。
ボクのクライアントであるカメラのキタムラがやっている「スタジオマリオ」。
どちらも、とっても業績がいい。

これは、今までの写真館が「写真」を売っていたのに対して、子供写真館は「思い出」を売っているから。

「チェーンの子供写真館なんか、ウチに比べたら技術のクオリティが低いから心配ない。
だって、ウチが撮る写真はすごくこだわったものなんだから」

子供写真館チェーンが登場したとき、個人写真館のオーナーがいっていた言葉です。

そういう個人の写真館がどうなっているかご存じですか。

ものすごく苦戦している。廃業したところも、たくさんあります。

確かに子供写真館の撮影技術は、長年やってきた個人写真館の技術より劣るかもしれません。普通の人が、数カ月の研修で撮影技術を習得し、展開している業態なのですから、それは当たり前です。

でも、デジタルカメラの質がよくなったから、ちょっと勉強するだけでプロの写真が撮れるようになった。だから、撮影技術の差がわかりにくくなったんです。

子供写真館の撮影技術はそんなに高くないかもしれませんが、プロが使うカメラや照明を使うことで、その技術をカバーする。

大事なのは、子供たちを楽しませ、自然な笑顔をたくさん撮影すること。

子供写真館チェーンは、そちらに主眼を置いているのです。

奈々が見ていたチラシにも、子供写真館で撮影したお母さんの感謝のコメントが載っていましたよね。これ、実際に「スタジオマリオ」に寄せられた声なんです。

「撮影中、楽しそうにはしゃぐ娘をみて、いつの間にこんなに大きくなったんだろうとじーんとなりました」

そう、子供を持つ家族が欲しいのは、撮影の時間を楽しく過ごした子供の笑顔と、成長の実感という体験です。

だから、子供写真館のスタッフには幼稚園の先生だった人や、保育士の資格を持った人がたくさんいます。さらに特別な衣装をたくさん揃え、何度着替えしても無料になっている。子供たちは、いろいろな衣装を着て撮影します。とってもうれしいことですよね。

撮影している時間も、思い出にしてあげたい。

子供写真館は、写真を売っているのではなく、七五三やお誕生日、入園入学などの思い出の価値を高めている業態なんだ。奈々の友だちがいいたかったのは、こういうことです。

これもモノを売るのではなく、「体験」を売っているのです。

商品の質や価格だけでは選ばれない時代。

前の項目でもいったように、もう「こだわり」だけじゃやっていけない時代なんです。

「こだわらなくてもいい」、そういうことをいっているわけではないんですよ（念のため）。

こだわったほうがいいに決まっています。それは製品の質を上げるってことですから。

でも、ただこだわっているだけでは、もうやっていけないってこと。


プロの技術にこだわるあまり、お客さまが本当に欲しいものを見落としていないかを考えてみること。

そして、あなたの商品やサービスがお客さまにどんな「体験」を提供しているのか、大きく考えること。


そのためには、次の「エクスマの方程式」が役立ちます。

以下に、自分の商品やサービスを落とし込んで考えてみてください。


お客さまは商品が欲しいわけではない。
○○したいのだ。
それで、○○な生活を手に入れたいのだ。

たとえばあなたがタイヤメーカーだとします。


お客さまはタイヤが欲しいわけではない。

安全なクルマに乗りたいだけなのだ。

それで、クルマで移動できる、素晴らしい人生を手に入れたいのだ。


こう考えると、あなたのタイヤメーカーは、**タイヤを売っているのではなく、「クルマで移動できる素晴らしい人生を支援している会社」になる**わけです。

そうしたら、タイヤだけが商品ではなくなります。クルマで旅行するときの支援、たとえば「レストランガイド」なども商品になるかもしれないってことです。

これって、ミシュランというタイヤメーカーのことをいっていますが、伝わってますか？世界的に権威のある「ミシュランのレストランガイド」は、そういう理由で発行されているんです。


モノにこだわらないで、広く自分の事業を見渡してみましょう。

モノを売っている観覧車と体験を売っている観覧車

体験を売るということの大切さを、身にしみて感じたことがあります。

「すべての企業はこの視点を持たなければ支持されることはないな」

そう思った瞬間でした。

それは観覧車に乗ったときのことです。

最近の観覧車に乗ったことがありますか?

まだならぜひ行ってみて、体験してみてください。

あ、でも、中年の男性同士で、おまけにスーツ姿では決して行かないようにね。ものすごく場違いですから（笑）。

あなたがもし中年の男性だったら、奥さまか女性のお友だちと行ってみてください。女性のお友だちと行くのが難しければ、若い女性社員を誘いましょう。

できたら金曜の夕方から夜がオススメです。

そしてまわりを見渡して、どういう人たちが利用しているか観察してください。

行ってみるとわかりますが、ファミリーよりも、たくさんの若いカップルが利用しています。たぶん利用者の８割はカップルです。

そのカップルは観覧車の中で何をするのでしょう？

そうです、観覧車は「体験」を売っているのです。

きれいな夜景を見ながら、好きな人とふたりっきりで夢のような時間が過ごせる。

恋人同士がロマンティックな時間を過ごせる。

「今晩こそはキスをするぞ」とか「今日こそモノにするぞ」とか、そこにはさまざまな「ドラマ」があり、さまざまな「思惑」があるのです。

それを「体験」するために、観覧車が利用されているわけです。

観覧車は今まで遊園地にあったような、子供たちの遊具ではなくなっているのです。


観覧車が人気だからといって、単に設置すればいいということではありません。

かつてこんなことがありました。ある公園に、新しい観覧車ができました。

これは公共団体がやっています。財政難を少しでも解消しようということなのでしょう。

この考え方は正しいと思います。

でも、その公共団体は決定的なミスを犯していました。

絶対にやってはいけないことをやっていたのです。

お役所がやりそうなミスなのですが、何だかわかります?

それは、「相席にしてしまった」ということです。

6人乗りのゴンドラにふたりだけだと席の効率が悪くなり、利用者が長く並ばなくてはならなくなるので、関係ないカップルを相席させたのです。


最悪ですね〜。


確かにその日は混んでいてたくさんの人が来ていました。

乗る前にアナウンスで相席になることも告知していました。

でも、それって意味がないですよね。

お客さまの8割はカップルなんですから。利用者がどういうことを求めているのかに気づいていない。「体験」を売っているという視点が完全になかったのです。

カップルは観覧車に乗って、高いところから夜景を見たいわけではありません。ロマンティックな世界でふたりっきりになりたいから観覧車に乗るのです。


それをわかっていない。

知らないカップル同士が狭いゴンドラの中で、一体どういうことをすればいいのでしょうか？　どういう会話をすればいいのでしょうか？

百歩譲ってカップル同士ならまだいいですが、カップルと相席になった親と小さい子供はどうすればいいのでしょうか？

ものすごく気を遣って、ストレスになりますよね、お互い。

想像するだけで恐ろしいです。

とある街にある、民間が運営している観覧車は決して「相席」にはしません。

それはお客さまがどういう体験を求めているかをしっかり知っているからです。

だから、人気です。

お客さまのカップルも、並んだって「相席」にされるより100倍いいと思っています。いえ、逆に並ぶこともふたりで楽しんでいます。

「相席にしない」ことが保証されている観覧車。いつ行ってもふたりっきりの世界を体験できるのですから、ひとり1000円くらいの利用料は安いはず。

だから、選ばれるのです。

一見ちょっとしたちがいですが、ものすごく大きなちがいです。

体験を売るという視点を持っていたら、公共の観覧車も「相席」なんて真似はしなかったでしょう。

相席をさせることに何の疑いも持たない、公共の観覧車は「モノ」を売っている観覧車。

お店でたとえると、ヒット商品に頼っているお店です。

でも売り方に工夫がないってことです。

絶対に相席をさせない、民間の観覧車は「体験」を売っている観覧車。

ヒット商品もあるけれど、それだけに頼っていないわけですよね。

最大限お客さまが喜ぶ工夫がしてあるのです。

あ、そういえば、実はこの後、公共団体が運営する観覧車も、「相席をしません」ということを売りにし始めました。

きっとお客さまからの要望やクレームが多かったのでしょう。

「体験」を売ることの重要性に、お客さまの声で気がついたのかもしれません。

すべての企業は、「体験」を売っているのです。

モノを売っているという考え方から早く脱却しましょう。

自分の会社の商品やサービスが、お客さまにどのような「体験」を提供しているのか、もう一度考えることです。

第2章

選ばれるためには「価値」をしっかり伝えよう！

お客さまが本当に欲しいもの…って…
ホテルで言えば何になるんだろう
あーだめだっ
このところまたトラブル続きだし
頭が回らないよ
ぐうっ
!
悩むと
お腹すくのよね
……
あっ
TODAY'S LUNCH
ナポリタン
なつかしのあの味！
ナポリタン…
かあ
まずは
腹ごしらえで！

はい
ご注文の
ナポリタン
いただきまーす
わぁ
ぱくっ
んーーっ
なつかしくって
おいしーーっ
もぐ
もぐ
だろー？
ナポリタンって
美味しいのに
ちょっと埋もれてて
かわいそうだったよね
ミートソースもそう
？
僕が子供の頃は
スパゲッティといえば
ナポリタンか
ミートソースだったのに
今はいろんな
パスタがあってさ

選ばれるのが至難の業
今はほらリバイバルみたいな感じでまた注目されてきて
ナポリタンの価値が上がって嬉しいよ
坪井マスター
選ばれる価値は十分にある
最高のパスタだからね
価値…
パスタもたくさんある…ホテルもたくさんある…
選ばれる価値…

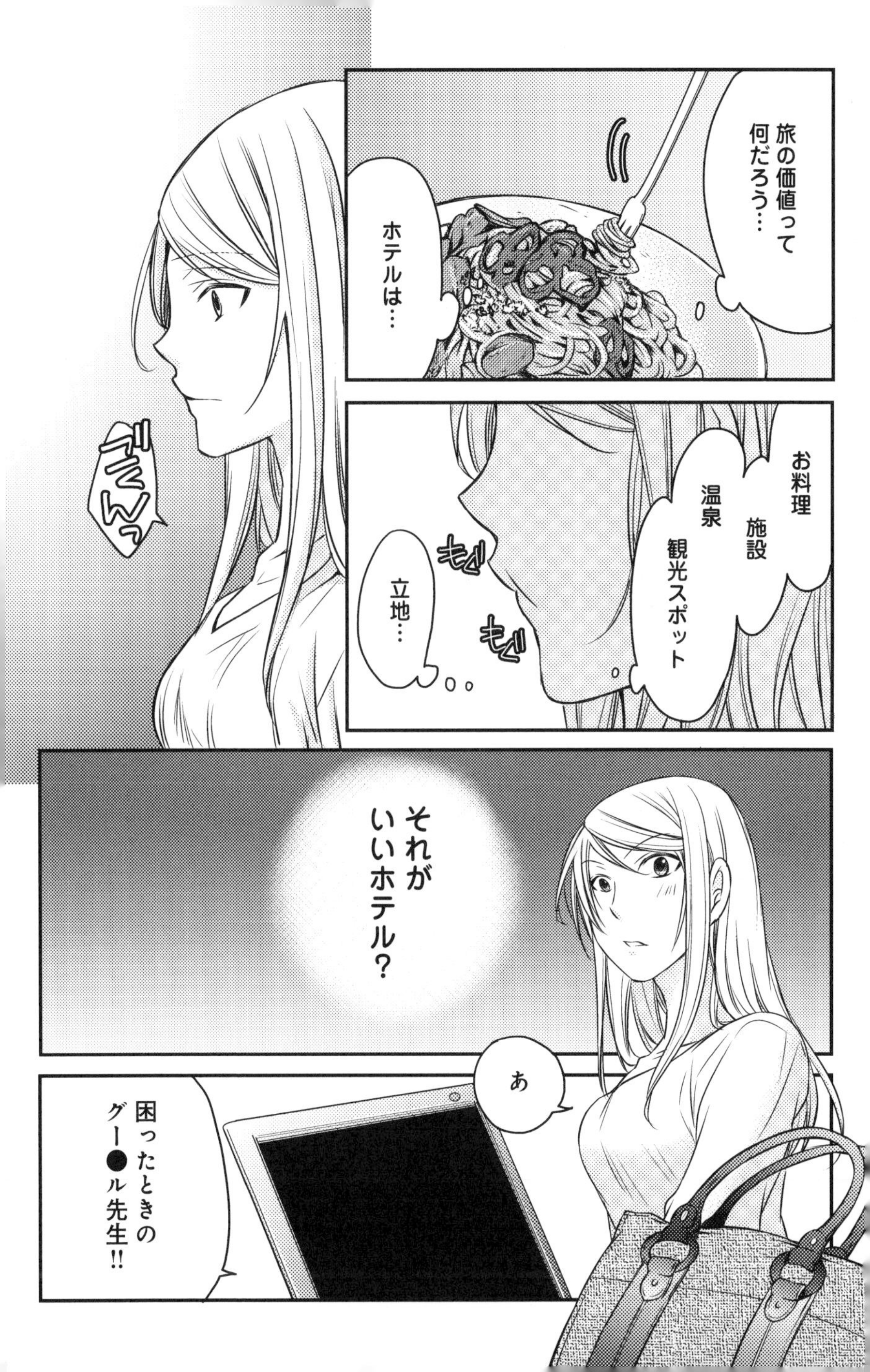

旅の価値って
何だろう…
ホテルは…
お料理
施設
温泉
観光スポット
もぐ
もぐ
立地…
ぅ〜ん
それが
いいホテル？
あ
困ったときの
グー●ル先生!!

検索　ホテル　価値　高評価
口コミも色々あるなあ
●アクセス　JR小田原駅より
オンラインカード決済 なし
トラベル大賞 銀賞受賞
旅館・さぶぐらん
トラベル大賞銀賞？
え!?評価4・8
ほぼ満点じゃない!?
豪華な個室 露天風呂や 岩盤浴とかがある 高級旅館なんだろうなあ
でもどうせ
おちつけ私ー・

女同士心ゆくまで!!
おしゃべり応援プラン♪♪
＜女性限定＞
人気!
プラン参
1. お部屋にクッション♪
2. 加湿器完備!
3. コーヒーサービス
4. のど飴をどうぞ!
♥本プランのチェックインは13時です
えこれって旅館側はチェックイン時間を早めただけよね?
そもそもおしゃべりは勝手にやるものよね?
旅の価値って何!?

でもこんなに女性のお客さまが喜んで…
はっ
そっかこれは女性客をターゲットにしてるんだ！
でも提供しているサービスは何も特別じゃないのになあ
えーっとターゲット…かあ…
へえ…温泉？
いいなあ僕も夏休み取りたいよ
夏…休み？
違うのかい？
それだ!!
ありがとうございます
ごちそうさま！
ダッ
また どうぞー

ターゲットは夏休み中の家族!!
何か特別なプランをつくれば…!
選んでもらえる価値を…!!
STOP!
あなたの商品・サービスが選ばれる価値はどこにありますか？

01

個性を出して「独自化」しよう

選ばれることがすごく大変な時代

喫茶店のマスターが話していたように、昔スパゲッティは2種類しかありませんでした。

「ナポリタン」と「ミートソース」。

ボクが子供のころ、昭和40年代、母親が家でつくってくれるスパゲッティは、玉ねぎと赤いウィンナーが入っていて、トマトケチャップでオレンジ色になった「ナポリタン」でした。スパゲッティといえば、ナポリタンのこと。

そして、**ミートソースは、1カ月に一度、ボクの故郷、北海道・釧路の百貨店「丸三鶴屋」の食堂で食べることができる、貴重な存在だった**のです。

スパゲッティ・ミートソースを食べることは、最高の贅沢。
当時、ミートソースはとても人気者でした。
だから、彼はとっても「選ばれやすかった」。

でも、今のミートソースの立場を考えてください。
あまり選ばれなくなっていますよね。

だって、ほかにたくさん種類があるから。
ペペロンチーノ、カルボナーラ、ボンゴレ、ペスカトーレ、和風スパゲッティ……。
スープスパゲッティに焼きスパゲッティ……。
ものすごくたくさんの種類のスパゲッティがある。
だから、スパゲッティ・ミートソースは選ばれにくくなったわけです。

さらにいうと、スパゲッティというグループの中でもそうなのに、イタリア料理というカテゴリーの中で考えると、ピザをはじめ、ライバルがたくさんいます。
ほかに洋食、和食、中華、エスニックというカテゴリー、カレーやラーメン、蕎麦、うどん。そういうカテゴリーの中でも、種類が増えていると考えてみると、ミートソースが選ばれるのは、至難の業って思えてきます。

とっても選ばれにくい時代になったということなんです。

あなたの商品もそういう状況にさらされているということ。

普通にやっていたら、売上が下がるのは当たり前です。

普通にやっていたら、お客さんの数が減るのは当たり前なんです。

そういう環境で、お客さまから選んでもらうためには、選ばれる理由がなければなりません。だから、選ばれるだけの「価値」がなければならないってことです。

あなたの商品やサービスが選ばれる理由ってなんだろう。

それを今一度、見直してみましょう。

そして、もしそれが見当たらなかったり、わかりにくかったりしたら、選ばれる理由をつくり出さなければならないということです。

選ばれるための「価値」です。

スパゲッティ・ミートソースの新たな価値

選ばれにくい「スパゲッティ・ミートソース」の中でも、ものすごく売れているスパゲッティがあります。

スパゲッティ・ミートカツ、通称「スパカツ」。

北海道・釧路にある洋食屋さん「レストラン泉屋」の名物料理です。
釧路市民は、ほぼ全員、食べたことがあるといわれるほどの料理。
熱々の鉄板でジュージューいいながら運ばれてくる。

スパゲッティの上にカツがドーンと乗せられ、上にミートソースがかかっています。

これ、ものすごく売れています。「レストラン泉屋」といったら、「スパカツ」。
釧路市民、18万人のソウルフードといわれるほどです。

最近では東京でもブームになって、全国区で売れるようになった。

これが普通のスパゲッティ・ミートソースだったら、こんなことになりません。

そこに「カツ」という、今までスパゲッティとは組み合わせることすら発想しなかった食材を付加したわけです。

それによって、商品が個性的になり、別の「価値」が生まれたということ。

選んでもらえる「個性」がなかったら、選んでもらえない環境になったということなのです。個性を出すことが、とっても重要な時代になった。

だからあなたの商品やサービス、店、会社も「個性」を出さなければ、多くのライバルたちの中に埋もれてしまって、選んでもらえなくなるのです。

「個性」がなかったら売れない。だから個性的になりましょう。

「そんなこといったって、個性なんてすぐに出せない」

「ウチの商品は普通の商品だから、個性的になれっていわれてもね」

そういう声が聞こえてきそうですが、大丈夫です。

個性をカンタンに付加する方法、それも他には絶対真似できない個性を付加する方法があります。その成功例を次に紹介しましょう。

のど飴とクッションで予約が殺到した温泉旅館

「これからの時代、売れる商品はなんでしょう？」。こんな質問をされることがあります。

ボクはそのとき必ずこう答えます。


「売れる商品はありません。売れる売り方があるだけなんです」


実際のところ、売れる商品なんていうのは、なかなかありません。

あったとしても、そんな商品はみんなが後追いしてきます。

あっという間に個性がなくなり、すぐに売れなくなってしまいます。

だから、売れる商品を期待しているより、今あなたが扱っている商品を、売れる売り方で、売るほうがカンタンなのです。


売れる売り方とはどういうことか？

それは「編集」です。

「編集」というのは、さまざまな情報を組み合わせて発信することです。
それを商品や売り方でやってみるということ。

何の変哲もない商品を編集して、選んでもらえる価値をつくり出した事例を紹介します。

熊本県・黒川温泉にある「わかば」という旅館の事例です。

黒川温泉って全国的に有名でとっても人気です。
でも、「わかば」はまったく有名じゃなかったし、あまり個性的じゃなかった。
「わかば」のお客さまは別に「わかば」でなくても、黒川温泉だから泊まっているという感じです。

「わかば」の若旦那、志賀希《のぞむ》さんは、ボクの塾に来て価値を伝えることの大切さに気がつき、いろいろと試行錯誤を続ける中で、素晴らしい旅館になっていきました。
2009年度の**「楽天トラベルアワード　九州・沖縄エリア　レジャー部門」の銀賞をもらうまでになり、お客さまも、たくさん来るようになった。**

紹介するのは、塾でつくり上げ成功した宿泊プランです。

課題は、１泊２食にどういう価値をつくるか、ということ。

温泉旅館って、「１泊２食で温泉付き」というのがお決まりのプランです。

でも、それってどこでも一緒です。

だから、それにどういう価値をつけるか、ということを考えなければいけない。

いろいろな価値がつけられます。

何かをつけ足すことによって、あるいは何かの意味づけをすることによって、１泊２食がとても素晴らしい価値になります。

「ターゲットを誰にしようか？」↓おしゃべり好きな主婦にしよう！
「何を伝えるか？」↓おしゃべり応援グッズをつくったら面白い！
「どんな行動をとってもらいたいのか？」↓予約してもらうこと！

そうして完成したのが、奈々がネットで見つけた「女同士の心ゆくまでおしゃべり応援プラン♪♪」です。

「13時チェックイン、持ち込み自由、おしゃべり応援グッズをお貸しします」というプランですが、**13時チェックインも、持ち込みOKも、実は元々やっていたこと**です。

でも、**意味づけをして、そのことを改めてちゃんと発信した。**

さらに、女将の言葉という形で、こうも伝えています。

仕事、家事、子育てでストレスのたまった私（女将）の唯一の楽しみは…おしゃべり！　そんな私好みのプランを作ってみました♪

今回のプランを作成するにあたって、特別にご用意したおしゃべりに役立ちそうなアイテムです。

1　クッション一個

2　加湿器

3　コーヒー

4　のど飴

おしゃべりするとのどを痛めるから加湿器を用意し、夜遅くまでおしゃべりできるようにコーヒーを、さらに、おしゃべりでのどが痛くならないようにのど飴を置いてあげる。

ものすごく簡単なことで、このプランの価値を高めました。

そして、このプランをネットで発信していったんです。

すると、このプランだけで年間売上が３００万円以上。

新たにかかったお金といえば、のど飴代とクッション代の３０００円くらい。加湿器も、以前から旅館にあったものを引っ張り出してきただけです。

ポイントは、１泊２食にどういう意味づけをするかということです。

新しい価値とか、新しい商品とか、とってもすごいものをつくり出さなければお客さまに選んでもらえないのか？

そんなことないんです。

あなたがすでに持っている価値に、スポットライトを当てたり、意味づけをしたりするだけで売れるようになることがたくさんあります。

というわけで
意見を
お願いします
白馬 ホテル
五龍館
意見と
言われても
夏休みね〜
ラジオ体操とか
宿題とか?
あー
自由研究ね!
昆虫採集とかも
したよね〜
海水浴も!
わい
わいっ
キャンプとか
川遊びも
懐かしいなあ
キャンプ!!
いいんじゃない!?

えー嫌ですよ～
キャンプやBBQは
準備も後片付けも
面倒じゃないですか
女性が全然食いつかないぞお!
しかもテントで
寝るんですよね?
お風呂も
入れないし
夏は
無理です
それに
キャンプ道具って
意外と高いし
それを
買うとなると
ちょっとね
……
テント張るのも
難しそう
うちのパパは
無理だわ
…
…
ママだって
夏休みなんだから
温泉に入って
美味しいもの
食べたいですよー
ママは
キャンプ反対ー!!

でも男の子なら
キャンプはずっと記憶に
残る思い出なんだけどな
そうね
小学生の男の子が
いるママなら
一応は経験させたくは
ない？
確かにアウトドア
できる男子に
なってほしいかも
女の子だって
たくましく育っては
ほしいけど…
！
じゃあ
ママが嫌なことを
すべて私たちが
引き受けたら
どうかな!!

準備や後片付けは
私たちホテルスタッフが
全部やるの
キャンプ道具も
こちらで用意して
レンタルで貸し出す！
うん…
それならママも
楽しめそう…
決まりね！
「ママも納得！
キャンププラン」で
いきましょう!!
白馬 ホテル 五龍館
1泊目は
キャンプで食事はBBQ
テントの設営も
片付けもホテルにお任せ
2泊目は
温泉に入って
ホテルで食事
最終日の早朝に
森へ行ってカブトムシ採集
することができるプラン

奈々さん!!
このプラン大好評ですよ!
お客さまの反応もすごくいいいです!
見てください
わあ…っ
夏休みの素敵な体験だ
こんなプラン待ってたの!
喫した!
カブトムシ息子が喜んで…
来年もまた行きたい!
こんなに…!!
チェックアウトお願いします
はい
初めて外に泊まってドキドキしたし
カブトムシすごいカッコいいんだ!!
あのね!
すごく楽しかったよ!!

また連れてきてくれるってパパと約束したんだ
ぽわっ
お客さまが満足したらまた来てくれる…
宿の価値ってこういうことなんだ……

最初から売れる商品なんてないのかもしれない
お客さまは自分の欲しいものに気がついていないのかも
それがわかればもう大丈夫ね…!!
え？
五龍館
朝からクレームばっかりなんですよ!!
何で？一体何に対して…
トゥルルルルッ
はいこちら五龍館です
ガチャッ

ちょっと！
どう責任
とってくれるのよ!!
カブトムシが
死んだの!!
あの…
どういったこと
でしょうか
子供が泣いて
困ってるのよ!!
どうしてくれるの⁉
え…⁉
奈々さん
カブトムシの補償しろって
電話が……
こっちもです！
奈々さんっ
そんな…っ

生き物なんだから…
奈々さん！
お客さまが雄ばかり採っていくので
このままじゃ雄が足りなくなります！
そ…そんなこと言われても…
どうしたらいいの？

STOP!
「体験」と「体験商品」のちがいがわかりますか？

02

あなたは何を売っているのか？

体験と体験商品はまったくの別物

選ばれるための価値として、独自の体験を売ることに気がついた奈々。

いいところまでいったけれど、大きく勘違いしていることがあるんです。

それは、**「カブトムシを採る体験」は「体験」を売っているわけじゃないってこと。**

一見、「体験」を売っているように見えますが、これはまだモノを売っているにすぎないんです。いわば「体験商品」というモノ。

カブトムシを採ることでの親子の関係性や、飼育の楽しみ、カブトムシを媒体として大自然というものを学ぶ。これが本当の「体験」を売ることであり、独自の「価値」につながります。

ボクがいっている「体験」と、「体験商品」は似ているようで、まったくちがいます。恋人と知り合いくらいの差がある（伝わって……ないか？）。

体験商品っていえば、たとえば、観光地の牧場がやっている「乗馬体験」とか、蕎麦の名産地でやっている「蕎麦打ち体験」とか「陶芸体験」とか、あるいはイルカと一緒に泳げる体験とか。

そういう「体験商品」は、あくまでも「モノ」なのです。

それで、「体験」を売っているというのは、浅い。浅すぎます。

そこには何の創造性も、なんの知恵も、なんのセンスもありません。

どんなビジネスも「体験」を売っている。

あなたも「モノ」なんて売っていないのです。

それを見つけるためには、あなたのビジネスをシンプルに考えてみることです。

本質に迫ってみましょう。

自分のビジネスを抽象化して本質を見つめる

たとえば、あなたがメガネを売っているとします。
メガネを扱っている小売店を10店舗くらい経営している。

メガネ店は、何を売っているか？

抽象化して、本質を考えてみましょう。

あなたの店でメガネを買うと、お客さまにはどんないいことがあるか？
どんな悩みが解決するのか？
どんな問題が解決するのか？

そう考えてみる。

あなたのメガネ店のスタッフ、全員で考えてみるとします。

自分の店は、メガネを売っているのではなく、どんなコトを売っているのか？

グループに分かれて、みんなでアイデアを出し、まとめていきます。

一番に思いつくのは、「目がよく見えるようになる」ということ。視力矯正です。

目がよく見えるようになると、たくさんのいいことがあります。

大好きな人の顔や姿がよりくっきりと見え、より仕合せになる。

美しい花や風景がより美しく見えるようになり、楽しさが倍増する。

本や映画、ウェブサイトがより鮮明に見え、理解度が増す。

美味しい食事がより美味しそうに見え、実際に美味しく感じられる、などなど。

視力矯正以外にもありますよね。

メガネやサングラスはファッションの一部です。

メガネをかけることでよりおしゃれになるともいえる。

流行のデザイン性の高いメガネや、目立つサングラスをかけることで、よりおしゃれになる。

そうすると、**アパレルと同じように、ファッションを売っている**ともいえます。

ほかにも、サングラスを買うお客さまは、ドライブするときに太陽光が眩しくないように使う。

釣りをするときに、水面の反射を消すために使う。

自転車に乗るときに、風が目に入らないために使う。

海水浴で紫外線をカットするために使う……そうすると、**アウトドアやスポーツを支援している**ともいえます。

さらに、知的なイメージのメガネを買うビジネスパーソンは、仕事ができそうに見える。

しっかりと視力矯正して、本を読むのが苦痛じゃなくなり、ビジネスの勉強ができるようになる。

だとすると、**メガネ店はビジネスがうまくいくお手伝いをしているかもしれない。**

そんなふうに考えてみると、本来売っているものに気づいていきます。

大好きな人の姿がよりよく見えるようになったり、自然界の美しいものがより美しく見えるようになったり、美味しい料理がより美味しく感じられたり、本や映画がより理解できるようになったりすることは、どういうことを人々に提供しているのでしょう。

それはもしかすると、人々をより「元気」にしているのかもしれない。

「うちのメガネ店は、メガネを通じて、人々を心身ともに元気にする店」ということになる。そう定義してみるのです。

「元気を提供しているメガネ屋」だとすると、さまざまなことが変わります。

メガネだけが商品ではなくなるということ。

もちろんメガネがメインの商品です。これで利益が出るわけです。

でも、店のコンセプトを伝える商品。売れなくても、置いておくだけでいい商品。そういうものが増えていくでしょう。

たとえば、元気になる本。

「この小説を読むと落ち込んでいても、すぐに元気になります」というＰＯＰが貼ってある。

実際、小説でも自己啓発書でも、読むだけで元気になる本ってありますよね。

そういうものを選んで売る。

映画のＤＶＤも考えられるかもしれない。

元気になり、観た瞬間からやる気がわいてくるような映画。

ほかにも元気になる音楽のＣＤ。

元気になるグッズ。たとえばサプリメントとか食品とか、栄養ドリンクとかね。

売らなくても店の中に「店長がおすすめする元気になる本コーナー」などをつくって、お客さまとコミュニケーションすることもできるかもしれません。

もちろん無料で貸し出すわけです。

そのうち「お客さまが読んで元気になった本、元気になれそうな、もう読まなくなった本を持ってきてください」とできるようになったら、すごい関係性ができてきますよね。

接客も、元気になる接客は何かって考えて、変わっていくでしょう。

感じのいい笑顔でお迎えするのは当たり前になってきます。

電話の応対もそうです。

電話に出るときには「はい！　いつも元気な○○メガネ店です」という枕言葉を使います。

店の内装やディスプレイも元気になる色使いやメッセージを意識して、ワクワクする店舗になる。


当然、**社長や店長のブログでは、そういう発信をする。元気になるブログです。**

本の紹介、映画の紹介、飲食店の紹介などなど、「元気になる」をキーワードにさまざまな事象を紹介できます。社長のツイッターで、古今東西の「元気になる名言」をツイートするのはいうまでもありません。


そうなっていくと、面白い店ができますよね。

まさにエクスマ的な「体験」を売る店になる。


メガネ店だからメガネだけが商品ではないということ。

あなたは何を売っているの？

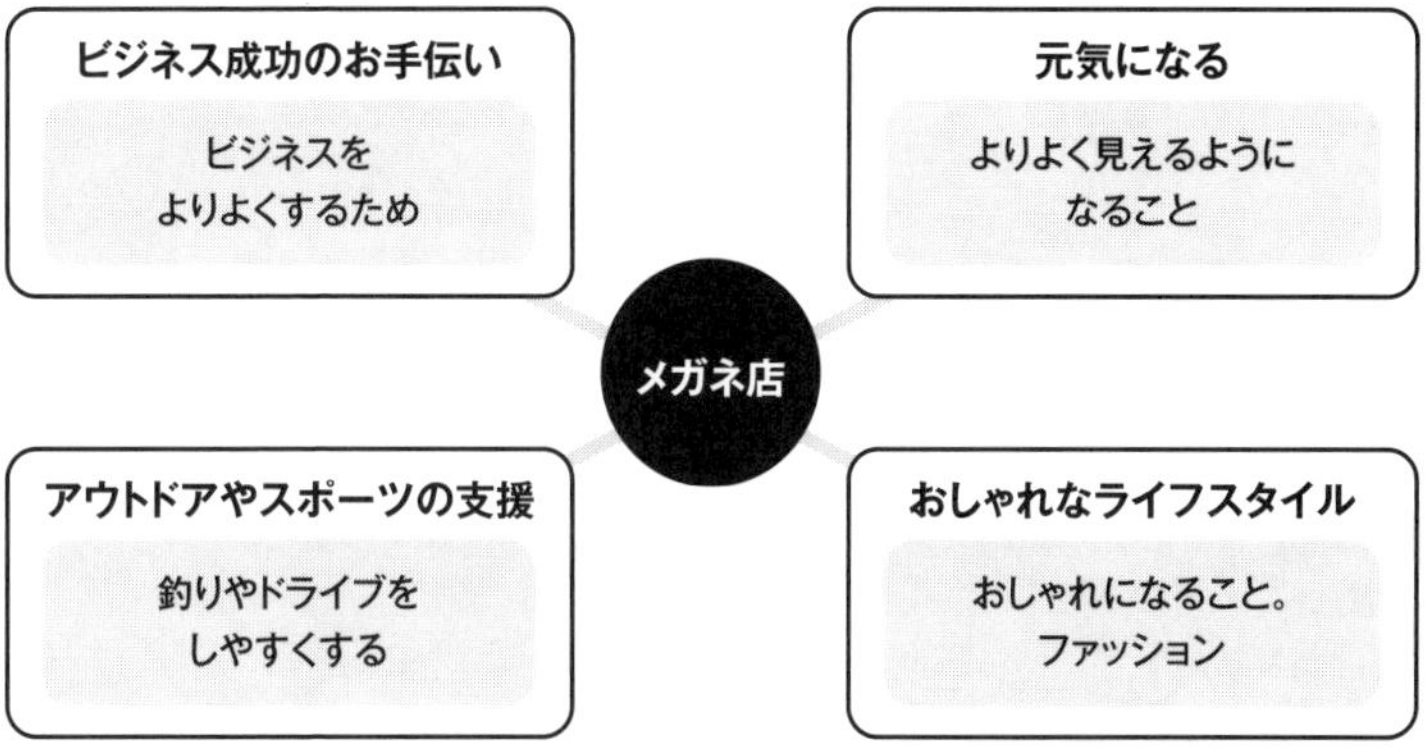

店長が元気になる映画を紹介しているブログの一記事だって商品。

ツイッターの元気になる一言も商品。

お客さまに貸し出す文庫本だって商品。

お金を生み出さなくても、そういうことすべてが商品だということです。

これで、「体験」と「体験商品」がちがうということ、「体験商品」がエクスマではないということが伝わりましたか？

ここで紹介したメガネ店の例は、実際にボクの塾生さんで、愛知県で「メガネプラザ」というメガネチェーン店を経営している上田唯司さんが、自社で実践したことです。

はあ
また大きなため息ですね
そりゃ大きくもなるわよー
新しいカブトムシよこせだの雄しか欲しくないだのって…
すべてに対応していたらカブトムシいなくなりますね…
……
奈々さーん
ずいっ
また何か…？

え…露天風呂の葉っぱ？
そうなんです
葉が浮いているお風呂になんか入れないいって…
露天風呂に葉が浮くなんて当たり前じゃない!!
でも…都会のお客さまにとっては馴染みがないのかも…
そっか…
すくっ
それなら教えてさしあげたらいいんじゃないかな！
非常識を常識にするには知識で！

お外のお風呂だーっ！
ひらっ
おおっ
お母さん葉っぱ！
これもみじじゃない？秋になったらもっと素敵なんじゃないかしら？
わーいっ
自然が感じられてこういうのもいいわね
葉っぱや虫さんが一緒に入浴させて頂く事があります。
(気になる方はアミで優しくすくってあげて下さい)

看板《注意書》…
効いてますね！
うん クレームも
なくなったし…
事前に情報が
あればわかって
もらえるんだね
あれ
それって…
ねえ 誰か
カブトムシに
詳しい人知らない？
生態とか飼い方
ガタン
すちゃっ！
あ それなら俺 昔は
虫博士って言われて
ましたよ！
ぱっ
ちょっと
お願いがあるの!!

それから私たちは
カブトムシ採り体験に
参加するお客さまに
出発前に
カブトムシの紙芝居を
始めました
カブトムシのいのち
わかりやすく
カブトムシの生態や
飼い方を伝えたのです
白馬 ホテル 五龍館
そうした
結果…
クレーム
なくなりましたね
うん！
それも
嬉しいけど
トン
トンッ

子供たちの瞳が キラキラしてて…
笑顔で私の 話を聞いてくれるの それが本当に嬉しくて
そうですね このメール見たら もっと がんばらなきゃって なります
プリントアウト しておきました。
ドサッ
え？ クレーム!?
すっごく楽しかった です！ また行くよ！
たくさんカブト のこと教えてくれて ありがとう！
カブトムシの タマゴが生まれたよ！
子供と一緒に カブトムシの世話を するのが楽しくて
これって…

STOP!

あらかじめ情報を伝えることで
クレームがなくなり
「価値」が正確に伝わる！

03

情報を楽しく、たくさん伝えることで価値が高まる

情報を伝えると商品が体験に変わる

よくボクのセミナーや書籍で紹介している、長野県白馬の「ホテル五龍館」。

そう、このマンガの設定となっているホテルで、女将の中村ゆかりさんはボクの塾生さんです。

マンガに登場した**「ママも納得！　キャンププラン」は、このホテルの夏の大ヒット商品です。**

2泊3日の夏休みのスペシャルプランで、2泊のうちの1泊がテント。

食事はBBQ。

でも、面倒臭いことは、すべて、ホテルがやってくれるというもの。

テント設営も、食材の用意も、ＢＢＱの道具の準備も、後片付けも、朝ごはんまでテントに持ってきてくれる。

テントに寝るのが嫌だったら、五龍館の別館のホテルに泊まれる。
そしてこのプランのメインイベントは、カブトムシ採り。
五龍館の所有している森に、朝早く行って、そこでカブトムシ採りをするわけです。
もちろん、スタッフが森にオスとメスのカブトムシを放しておくんですけどね。

これはとても喜ばれるイベントなのですが、マンガでもあったように最初の頃はたくさん問題が起きてしまった。

まず大きな問題。

それは、カブトムシって、オスのほうが人気がありますよね。
オスばかりが採られてしまうわけです。
オスのカブトムシを何体も持っていかれてしまうんです。
さらに悪いことに、カブトムシっていうのは、寿命が短い。

幼虫時代を含めても、だいたい12カ月から15カ月ぐらいです。

成虫になってからだと２週間から２カ月くらい。

だからカブトムシを家に持って帰っても、すぐに死んでしまうこともあるわけです。


そうするとクレームが出る。

「うちの子がせっかく採ったカブトムシが死んでしまった、どうしてくれるんだ！」

「カブトムシが死んで、子供が泣いている、責任をとれ！」などなど、むちゃくちゃなクレームをいってくる親もいた。


そこで女将の中村ゆかりさんは考えた。

カブトムシ採りに出発する前に、子供たちと親をホテルのロビーに集めて、紙芝居を見せることにしたのです。

カブトムシの捕まえ方、オスとメスの一対で捕まえること、そうしなければ子供が生まれないこと、卵を産んだら、カブトムシは死んでしまうこと、幼虫の育て方などを、**手づくりの楽しい「カブトムシ紙芝居」で、子供たちに伝えたのです。**

そうすると、子供たちはみんなオスとメスの一対を採るようになりました。

カブトムシが死んでも、クレームはまったく来なくなった。

それどころか、夏休みが終わって家に持って帰ったカブトムシの卵が孵化して、幼虫がたくさん生まれると、**たくさんの感謝のお便りや写真、子供たちが描いた絵などが届くようになりました。**

「カブトムシ採りツアーに参加させていただき、持ち帰ったカブトムシが卵を産み、先日立派なカブトムシが土の中から出てきました！

オス4匹とメス3匹。子供が1年間、大切に育てていたので大よろこびです。カブトムシの育て方、幼虫の観察と親子ともども大変勉強になりました。子供が絵を描いて送るというので送付させていただきます。つたない絵ですが見てやってください」

「去年の夏にそちらでお世話になった○○です。そのときのカブトムシ採りで捕ったカブトムシは1週間で死んでしまいましたが、子供が元気に育っています（7匹）。写真を送ります。

今年は長男が受験なのでそちらに行けそうもありませんが、合格した晩には、またお世話になりたいと思いますのでよろしくお願いします」

なかには、育てたカブトムシを白馬の森に返しに行きたいという子供たちが出てきた。

翌年、また宿泊に来てくれる。

小学校を卒業するまで、毎年このプランに来てくれる子供もたくさん出てきました。

あらかじめ情報を伝えておくことで、クレームがなくなった。

さらに、情報がその価値を高めて、たくさんのありがとうを生んだ。

情報を楽しく伝えることで、ただの「宿泊商品」（体験商品）が「夏休みの忘れ得ぬ思い出」という「体験」になったのです。

「情報」を楽しく、たくさん、伝えることで、あなたの商品やサービスの価値は高まります。

この事例を、あなたのビジネスにどう応用できるかを考えてみましょう。

青汁のCMは革命的だった

日本には昔から、あらかじめ伝えておくという、素晴らしい文化があります。
たとえば、誰かの家を訪れるときに、お土産を持っていくとします。
お渡しするときに、「つまらないものですが」と、あらかじめいっておくと、本当につまらないものでもクレームにはならないわけです（笑）。

あらかじめ情報を届けると、クレームは減ります。

クレームというのは、自分の思う通りにならないから起きることがほとんど。
みんな期待していて、それに応えてくれないから、クレームになるケースが多い。
だから、期待させないように、最初から「情報」を知らせておくといいわけです。

今でこそ「青汁」という商品は市民権を得ていますが、最初に登場したときは衝撃でした。

渋い俳優さんが、青汁をごくごく飲んで、最後に、

「まずい！」

「もう一杯！」

そう締めるCMでした。

自分の食品を「まずい！」というのはすごかった。

健康食品だからいえたということもありますが、かなりのインパクトでした。

一躍、「青汁」が認知された瞬間です。

この青汁を飲んで「まずいから返品したい」というクレームは、絶対になかったはずです。

だって、あらかじめ、美味しくないですよ、と伝えているわけですから。

まずいというのは短所ですが、それを長所にした、素晴らしい広告です。

もちろん、常識破りのCMだったのですが、これはもうひとつ、実に巧みなシナリオが隠されていました。

冒頭にデメリットをいうことで、その後の言葉がすべて真実に感じられるという、

人間心理を考え抜いたシナリオです。

短所やデメリットを冒頭にいえば、その後の長所は「すべて本当だろうな」と思ってもらえるのです。

他にもありますよね。

「少しお値段は高いですが、一生使えるものですよ」

「サイズが通常より大きいですが、機能をすべて入れることができたのです」

「少々音が大きいのですけれど、それだけパワーがあるのです」

「経験はまだ浅いですが、だからこそ業界の常識に縛られない提案ができます」

短所やデメリットなどのマイナスの要素を最初に述べ、その後長所を伝えると、信頼される。

これは商品でも人間でも、同じです。

だから、短所は隠さないで、利用できないかと考えてみることが大事なんです。

そのほうが楽しいしね。

第3章

「個」を出してお客さまと関係性を築こう

ウ〜〜〜
〜〜〜〜っ
奈々さん うなってたって 予約は埋まりませんよ
営業行ってきます
ウっ
わかってるけど 思ったより リピートないから…
はあっ
ギッ
まあ 夏休み 終わりました から
秋休みが欲しい…

何言ってんですか
ほら お手紙
来てますよ！
BOXちゃんと確認して下さい
私に？
短パン社長!!
え？
あ！
短パン通信
私が東京にいたときよく行ってたブティックの社長さん
SNSではつながってるし「短パン通信」ってお手紙も毎月送ってくれるんだけどしばらく会ってないなあ
展示会やるんだっ いいなあーーっ
会いたくなっちゃうじゃなーい

行かれては
どうですか？
無理よ
仕事あるし
泊まりがけに
なるもん
幸い
ホテルは
ガラガラです
休めるときに
休むのも
仕事だと
思いますよ

奈々ちゃん わざわざ会いに来てくれたんだ!?
忘れないでいてくれて嬉しいなあっ
忘れるわけないですよー 東京を離れてもいつも私のこと気にしてくれて…
奥ノ谷（短パン）社長
元気だった？ ちょっと疲れてるように見えるけど
そんなことないですよ
だったらいいけど… 今や若女将でしょ？ 格好いいな
とんでもないっ まだまだ勉強不足です
短パン社長の凄さとやさしさが身にしみます

僕はね 人に笑顔になってもらったり 楽しんでもらえるのが 大好きなんだ
いつでも大好きな みんなの顔を 思い浮かべて
SNSで発信したり 展示会の案内を 送ってるんだ
もし奈々ちゃんが 僕にされて嬉しかったことが あるなら
ぜひ自分のお客さまにも 同じことをしてあげたらいい
手書きのお手紙は 毎日書けないけど

SNSだったら毎日お手紙書けるからね！
じゃんっ
そ…っか
奈々ちゃん？
短パン社長ありがとう!!
えっ

決めた!!
私もお客さまに伝えるわ！

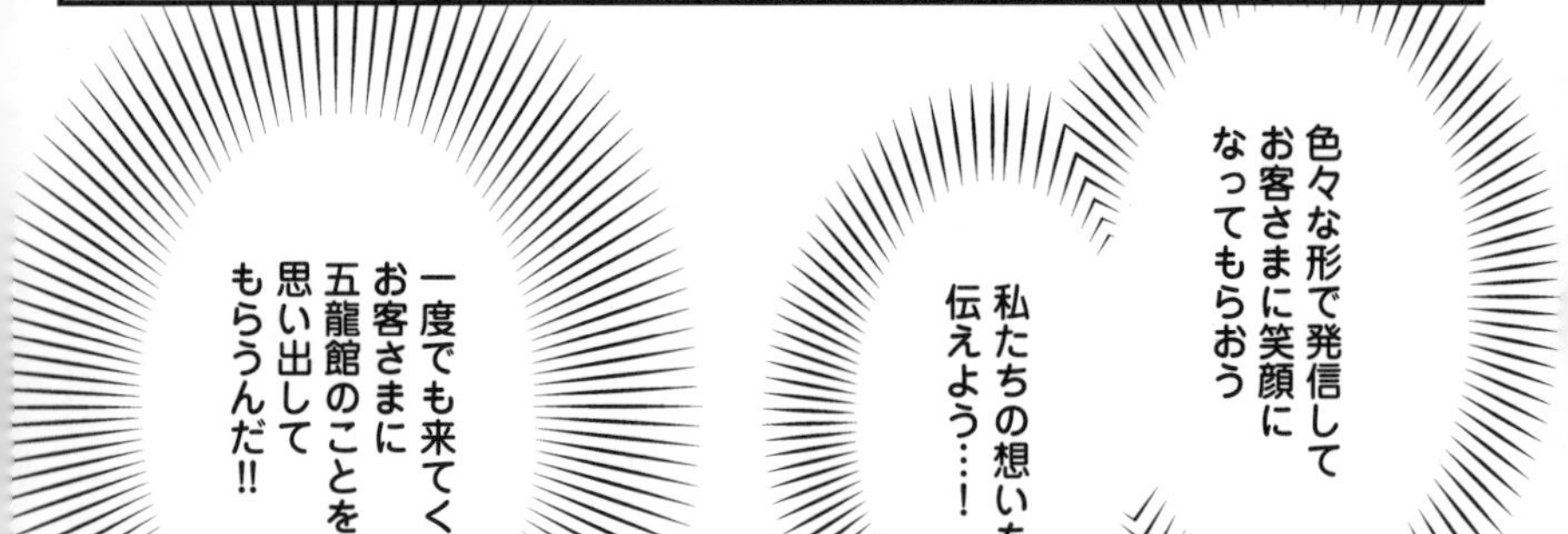
色々な形で発信してお客さまに笑顔になってもらおう
私たちの想いを伝えよう…！
一度でも来てくれたお客さまに五龍館のことを思い出してもらうんだ!!

STOP!
お客さまと常にコンタクトをとっていますか？

01 「ゆるやかな関係性」がこれからのキーワード

リピーター対策は忘却との戦い

顧客満足を高めれば、お客さまはまた来てくれるのか？ リピートしてくれるのか？
実は、どんなに顧客満足を高めても、リピーターは増えないんです。
顧客満足とリピートとは、基本的に因果関係がないからです。
もちろん顧客満足は高めなければいけないんですよ。
高めなければいけないけれど、それだけでは十分ではないということ。

どうして2度目、3度目と来てくれなくなるのか？
そのほとんどの原因は、「あなたの店を忘れてしまう」ってことなんです。
このことについては、さまざまなレストランで何回も実験しました。

とっても有名な東京の一流ホテルのレストランの例。

このレストランはすごく美味しいし、サービスもいいから、お客さまはとても満足して、「また来ますね」といってくれる。

そういうお客さんが100人いたとしたら、何もしないと50人以上は二度と来てくれなくなるんです。なぜか?

それは、このレストランのことを忘れちゃうからです。

人間の短期記憶は、放っておくと3日で消えてしまいます。

忘れられちゃった店は、どんなに満足したとしても選ばれっこないですよね?

リピーターを増やしたかったら、単純です。お客さまに忘れられないようにすること。

そのためにお客さまと常にコンタクトをとりましょう。それが最重要課題です。

でも、売込みのダイレクトメール(DM)を送ったり、売込みのメールマガジンを毎日のように送ったりしては、マイナスです。マンガの中で、短パン社長(ボクの塾生さんでアパレルメーカー社長の奥ノ谷圭祐さん)が語っていたように、**大好きなお客さまの顔を思い浮かべて「お手紙」を書くというスタンスがとっても大事なんです。**

1100人が来店！ 大成功した「元気な野菜たち のっぽくん」のDM

ボクの塾生さんに「のっぽくん」という社長がいます。

本名は小浦隆造さん。自然食品店「元気な野菜たち のっぽくん」というお店をやっています。

「元気な野菜たち のっぽくん」は、石川県金沢市近郊の野々市市で、有機・自然農法の野菜を中心に、オーガニックフーズ、健康関連アイテムなどを売っているお店。

もともとファンのようなお客さまがたくさんいるお店でした。

既存客に送るチラシやＤＭの反応率も高かったのです。

でも、エクスマ塾で学んでいるうちに、商品を並べたチラシやカタログだけでなく、自分の「個」を出したお手紙風のＤＭを送ろう、と思い、実践したのです。

夏のセールのＤＭです。


【のっぽくんのセールだよ全員集合！！】

7月3日（金）～5日（日）の3日間

全品10％オフです。

こういうキャッチコピーで始まります（119ページ上段参照）。

でも一番目立つのは、社長である「のっぽくん」のサングラスをした写真。その写真の横には、手書きで「宮古島で自然栽培の島バナナをたべてきました〜。おいしかった〜」。

さらにその横には、手書きのお手紙。これがよくできているんです。

いつも有難うございます！！

野々市市の自然食品店「元気な野菜たち　のっぽくん」代表の小浦です。

「もーいくつ寝ると夏休み〜」

そう、子供たちに朝・昼・晩と3回×40日の食事を作らないといけない大変な夏休みがもう目の前。

毎日暑い中作るのも大変な上に、食費もかかるという大変な時期ですよね。

なので夏を元気に過ごしてもらおう＋家計の負担を少しでも抑えてもらおうって事で夏のセールを開催します！

この機会に調味料などGETして下さいね〜。

それでは皆さんに会えるのを楽しみにしておりま〜す。

のっぽくん　小浦隆造

軽い！　カジュアルすぎ！


社長がサングラスをかけて、さらに手書きの手紙。

今までだったら考えられないようなデザインです。ボクは個人的には好きですけどね。

裏面は、スタッフ6名が顔を出して、自分が使っている夏のオススメアイテムの紹介をしています。これもとってもイイ感じです。


このDMの結果は驚きでした。

ボクに届いた小浦さんのメッセージをそのまま紹介します。


1350枚送付してのべ1100人に3日間で来店していただきました。

3日間の売上は597万円と過去最高でした〜。

スタッフのオススメ品を全部買って行かれる方や、3日間通して来る方も多数いて、とても賑やかで楽しいセールでした。
コレを出したことで僕もスタッフもたくさんお客さんから話しかけられることが増え、いまだにあの手紙に載ってた商品どれ？　って聞かれております（笑）
「個」を出した発信に変えてから毎回来店数が増えていってるので面白いっす。
こんな感じでーす。

大成功です！　81・5％の入店率。

カジュアルな個を出したお手紙。
でも、関係性という観点で見たらこのほうが関係性は深いですよね。
関係性は、店とつくるわけではなく、まずそこで働いている人とつくるものです。
だから、チラシやＤＭは、個を出したほうがいいわけです。
販促物でも、ブログでも、ＳＮＳの発信でも、「関係性」を意図することが大事。
関係性がこれからの成功のキーワードになっていくのです。

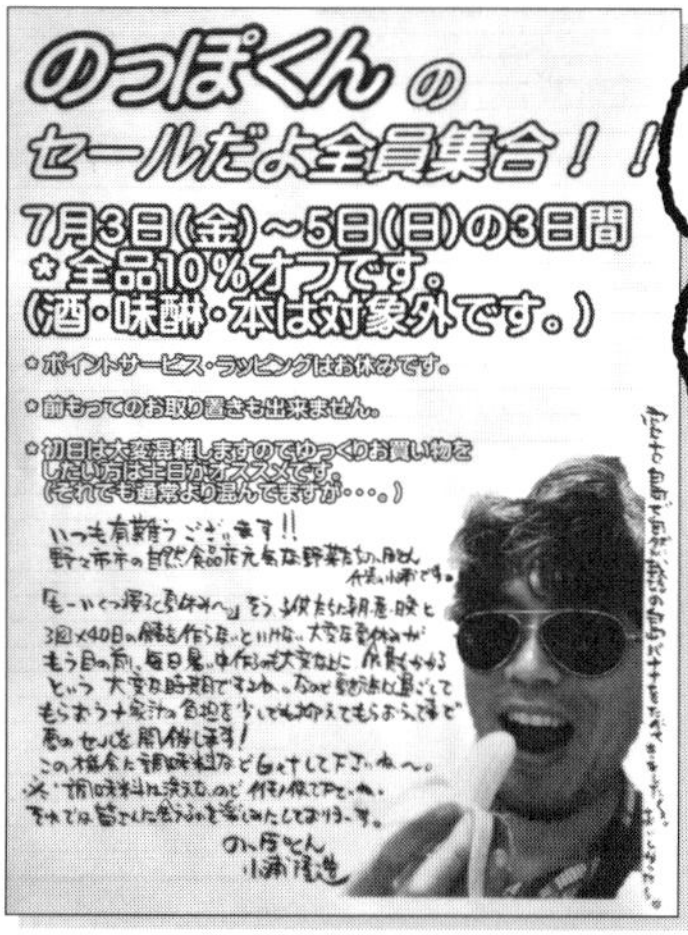

1100人の来店、
597万円の
売上を生んだDM!

サイトウ君がいるから、
ボクはニコルで
買ってしまう♪

仕事をさぼっても足を運びたくなるサイトウくんの店

ボクは服を買う店は決めていません。

適当に店に入って、そのとき気に入ったブランドの服を、新宿や渋谷の百貨店とか専門店で買っている。

でもある日、気がついたんです。「ニコル」というブランドの服がやたら多い。

でも、ボクはニコルが特別に好きなわけではありません。まあ、デザインはけっこう好きですが、とりたててニコルにこだわっているわけでもない。

じゃあ、どうしてこういう現象が起きているのでしょう。

それはニコルのDMのためだったんです。

大抵のブティックのDMというのは葉書1枚。それも、「SALE!」って書いてあるだけの葉書。あるいは、挨拶文なしのパンフレットやカタログ。

ところが新宿にあるマルイメンのニコルはちがいます。

Ａ４の封筒に、すごく大きなカタログが入っている。
そして、必ず手書きの手紙が入っています。

「藤村さん、こんにちは!! ニコルのサイトウです(^_^)
2月に入り、寒さが一層増しましたね(>_<)。
しかし、ニコルでは春物がたくさん入荷しました！ 藤村さんにオススメのコーディネート2つをカタログでチェックしてあるので見て下さいね☆
もう入荷しているので、お時間があれば絶対にいらして下さい！」

ボクがどんな商品を買ったかわかっているから、カタログに掲載されている商品をピックアップして、オススメのコーディネートを教えてくれているんです。

それだけでボクのことを考えてくれているんだなと、特別感がある。

追い打ちをかけるように、サイトウ君、必ず自分の写真を入れてきます。
これを見ると、そういえばそろそろ春物の季節だよな、どうせ買うんだったら、とりあえずサイトウ君のところに行こうということになって、買ってしまうんです。

「ニコル倶楽部30周年フェア」のときのＤＭもすごかった（119ページ下段参照）。「ニコルクラブが30周年でサイトウが勝手にお祭り状態です！　スペシャル（笑）」というコピーで、サイトウ君が自分で調べたニコルの歴史などを手書きで書いている。

そしてこのＤＭのとどめは、「御来店お待ちしています」と大きく書かれた紙を持ったサイトウくんの写真。

サイトウ君は、自分のお客さんに毎回、これだけの情報をきちっと送っています。

普段ボクはニコルのことは考えていないけれど、夏物が欲しいな、冬物が欲しいなと思ったとき、どうせ行くならニコルで買おうと思うわけです。

ゆるやかな関係性ができあがっているということ。

ここで大切なのは、ボクはニコルの服が特別に好きだから買っているわけではない、ということです。

なのに、いつもニコルで買うのはどういうことかというと、サイトウ君がいるから。

ボクはニコルとは関係性はつくれないけれど、新宿マルイメンのニコルのブティックにいるサイトウ君とは関係性がつくれている、ということ。

個人とは関係性をつくれる。
だから、関係性をつくるために、個を出すことがすごく大切なんです。

個人と個人のつながり。関係性で売れる時代です。

だからあなたも、個を出したニュースレターやお手紙、ブログやSNSなどで、お客さまとの「ゆるやかな関係性」をつくり出してください。

そういうと、今までやっていなかったのに、頻繁にお客さまのところに通い詰めて、無理やり性急に関係をつくり出そうとしたり、売り込みばかりのDMをしつこく送りつけたり、ネット通販で購入したお客さまに、売り込みのメールマガジンを無闇に送ったり、割引のクーポンの携帯メルマガを登録してくれた人に毎日売り込みメールを配信したり、早急に売上が欲しいからすぐにそういう行動をする会社があります。

そういうことは逆効果です。

焦らず、急がず、関係性をつくり出す時代です。ゆるやかな関係性です。
これから繁盛・繁栄するために「関係性」の視点ですべてのことを考えてみましょう。

う―――――ん
またうなってるんですか？
おはようございます
だって何書いていいかわからないのよ
お手紙とかDM SNSってところまでは決まったんだけど…
どう書いたら伝わるのかって考えたら…

で
ちらっ
この有様ですか
ごちゃ～
あっ
ごめんちゃんと片付けるから
あはは
いろんなお店のチラシとか見たら参考になるかなって…
じゃあ追加でこれを
新聞です
ズッ
ミ
美容室ガナーズイースト
OPEN
長野市にお住まいのご家族のみなさんっ
GOAL
サポーターの

手書きのチラシ…
あ 僕 この店の前 通りましたよ
ずいぶん 賑わってたなあ
へえ——
あれっ これ美容院《サロン》のチラシなんだ!?
なんかイメージ違うんだけど…
決めた!
かたん
でも 何だろう この感じ…
お店の 雰囲気が…
ちょっと 出かけてきます!

いらっしゃいませ――
わっ
思った通り
スタッフの人も店内もいい感じ…
こんにちは店長の勝村です よろしくお願いします
はい
ずっとバタバタしてたからこんな時間久しぶりだなあ…
お疲れですね
ええ…
ちょっと色々あって…

そうだ！
私折り込みチラシを見て
ここに来たんですよ！
見てくださったんですね
ありがとうございます
賑やかで
スタッフの人が
みんな笑顔で
チラシの感じと
同じ…
楽しんでる
から
ですかね
え？
自分の好きなものを
じゃんじゃん出して
るんですよ
ちなみに僕
サッカーすごい好きで
あ
わかります
すごく。
ですよね(笑)

店名も
イングランドの
プレミアリーグの
サッカーチームから
とって「ガナーズ」
それもあって
サッカー好きな
お客さんが集まって
くれるんですよ
あ
お客さんって
いうより
お店の
サポーターかな
サポーター…
サッカー好きの人のところに
サッカー好きの人が
集まるってことですか？
んーでも
サッカーは
入口にすぎない…かな

奈々さんもサッカー好きだから来てくださったわけじゃないですよね
あれっこれ美容院《サロン》のチラシなんだ!?
あ…
確かにっ
僕の大好きなことやもの大好きな仲間大好きな店
それが全部僕の個性
「個」を出すからそこに惹かれて来てくれる方もいらっしゃいます
「個」を出す?
だからそんな方もサポーターになってくれた方も
死ぬほど大事にします!
!

そうしていたら自然とみんな
またここに足を運んでくれるんです
そっか…ただ発信するだけじゃだめなんだ
お客さまの心には届かない…
よりわかりやすい入口…
それが「個」を出すことなら…チラシでそれが出せたら…
それで…

STOP!

「個」を出すことが販促の鉄則になった！

02 お客さまは関係性の深い人やお店からモノを買う

「サッカー馬鹿」を打ち出して繁盛店になった美容室

奈々が足を運んだ美容室のモデルは、神奈川県大和市にある「美容室ガナーズ」。このオーナーの勝村大輔さんも、ボクの塾生さんです。

ボクの塾に来る前は、いわゆる普通の販促チラシをつくっていました。きれいなカットモデルさんが出ていて、料金が書いてあります。格好いいデザインで、イメージだけ訴求しているけれど、わかりにくい。

塾で勝村さんにいいました。

「もっと『個』を出さなきゃダメだよ。このチラシだったら、別にガナーズに行く必要性を感じないから」

イメージだけのチラシで選ばれる時代ではありません。

スタッフの顔を出す。オーナーの趣味を出す。

個を発信していくほうがいい。


そんな話をしているうちに、勝村さんはサッカーが大好きだということがわかりました。

「サッカー馬鹿」といわれるほど、サッカー好きです。店の名前の「ガナーズ」も、プレミアリーグ所属の人気サッカーチーム「アーセナル」の愛称です。

それほど好きなのに、店内でも、お客さんに対しても、サッカーが好きということを一切発信していませんでした。


もっとサッカー好きというのを発信したほうがいい。

ボクがサッカーファンだったら、近所にサッカー好きのオーナーの美容室があったら、そこへ行くと思う。そうアドバイスしました。

勝村さんは「いいんですか？」とちょっと驚いた様子。

「なんでダメなの？」と聞いてみました。

「サッカーは趣味で、美容室は仕事だから……」

趣味や好きなことをたくさん出したほうがお客さまとの関係性がつくりやすい、彼にそういう話をしました。

それからの勝村さんのアクションは早かった。

サッカー好きというのを前面に出した、Ａ３サイズの手書きチラシをつくって新聞折り込みをしました。

普通、新聞折り込みといえば、きれいに印刷されたものばかり。

その中に挟まれた手書きのチラシはとってもインパクトがあります。

見た瞬間、「何、これ？」って感じです。

全体をスタジアムのイメージで描き、ターゲットである大和市在住のファミリーに呼びかけ、なぜこのチラシを出すのか、ということをまず書いています。

ガナーズがここまで走ってこられたのは、支えてくれたお客さまのおかげです。

僕たちが目指すのは、ガナーズとお客さまが一体となってしまうこと。

続いて、2店舗目のオープン情報。

そして、スタッフを、フォワード、ミッドフィルダー、ディフェンスに分けて、顔を出して紹介しています。

フォワード「決定力不足？　個性派2トップがガナーズを引っ張る」

ミッドフィルダー「魅惑のファンタジスタがガナーズに愛のキラーパス」

ディフェンス「鉄壁の守備陣フラット3がお客様に安全・安心を」

裏面には、お客さまの声が載っていますが、当然「サポーターの声」になっています。

そして、「大和市　美容室ガナーズで検索」と続き、わかりやすい地図を載せている。


広告や販促物には最後の出口をつくることが大事です。


広告の出口とは何かというと、お客さまにどういう行動をとってもらいたいか、ということ。

ガナーズの検索案内や地図は、お客さまに来てほしいという出口なのです。

表面

裏面

商品、値段を一切載せずにつくった折り込みチラシで、
1 カ月に 129 人の新規客が美容室に来店!
他には真似のできない個性がお客さまを引きつけた!

出口がちゃんとできていない広告をよく見かけます。

キャッチコピーと商品名が書いてあるだけ。それで、どうしてほしいの？　ということがわからない。ただいいっぱなしの広告です。

電話番号が小さすぎたり、地図がわかりにくかったり、ホームページのＵＲＬしか書いていなかったり、そういう広告は反応が悪くなるのは当たり前です。

ガナーズの手書きのチラシ１万５０００部を新聞折り込みしました。それだけで、１カ月に新規のお客さまが１２９人来ました。

非常識なほどの反応率です。

個を出すことは、これだけ効果があるということです。

お客さまは、ガナーズとは関係性を結べないけれど、スタッフとは関係性をつくりやすくなる、ということです。

結果、ガナーズは繁盛店になりました。

オーナーの勝村さんは今や、美容室専門コンサルタントとしても活躍しています。
もちろん、セミナーのときにはサッカーのユニフォームを着用。
自分が実践して成功したことを、他の美容室に提供しているのです。

これは、仕事に趣味的要素を入れることで「個人ブランディング」に成功した例でもあります。

既成概念に捉われないで、個人を出し、「好きなこと」「趣味」を発信すると、お客さまにも楽しんでいる様子が伝わります。

それが他には真似できない「個性」になっていくのです。

独自の価値がなかったら価格競争に巻き込まれる

USPという言葉はご存じですよね。

ユニーク・セリング・プロポジション――「あなただけの独自の価値」というマーケティング用語です。

お客さまに選んでもらえる、ユニークな他社とのちがいが主張できる強み。

マーケティングでも、ブランドを構築していくときにも、USPって考え方が、とっても大切です。

ボクは「差別化」を目指すな、ということをよくいっています。
これからの時代は、差別化という考え方だと、成功しないからです。

「差別化」ということは誰か競合がいるということ。

大切なのは、その会社が持っている独自の価値を消費者に知っていただくこと。

他社やライバル会社を意識することももちろん大切ですが、そこに集中すると、常に他社との競争に走ってしまい、お客さまが見えなくなる。

その結果、不毛な価格競争に陥り、選ばれる要因が価格だけになってしまう。


そうなったら大変です。


利益も出ないし、働いている人のモチベーションも下がってしまいます。

そして、本来のビジネスの目的を見失ってしまうことも少なくない。


だから「差別化」という考え方ではなく、「独自化」。

あなた独自の価値を伝えること。


スティーブ・ジョブズのこんな言葉があります。

「美しい女性を口説こうと思ったとき、ライバルの男がバラの花を10本贈ったら、君は15本贈るかい？　そう思った時点で君の負けだ。

ライバルが何をしようと関係ない。その女性が本当に何を望んでいるのかを、見極めることが重要なんだ」

名言です。そして、ビジネスの真理です。

恋愛にたとえて説明すると、よくわかりますよね。

ライバルばかり見て、相手のことを見ていない男性がモテるわけがない。

競合他社ばかり見て、お客さまのことを見ていない企業が繁栄するわけがないってこと。

あなたが選ばれる理由は何か?

お客さんは、たくさん似たようなお店や商品があるなかで、どこで買ってもいい、あるいはどこからも買わないという選択肢がありながら、どうしてあなたのところで買わなければならないのか?


この質問に明確に答えが出せますか?

この答えが「安いから」という会社やお店は、危険です。


価格で選んでいるお客さまは、あなたの店よりもっと安い店があったら、すぐに浮気をしてしまうからです。

だから価格以外の独自の価値がないと、本当の意味で選ばれているという状態ではないのです。

独自の価値が本当の価値。

もし、あなたの商品やサービスが、あなたではなく別のところでも手に入るのなら、それは独自化とはいえません。その場合は、独自の価値を創出する必要があるのです。

でも、オリジナルの新しい商品やサービスを考えてつくり出すのは大変です。

だから「関係性」が独自の価値になるという意図で考えてみる。

人間は同じものを買うのなら、関係性の深いほうで買います。

そして、あなたがつくり出した関係性は、他にはない独自のものです。

販促物、店舗運営、ＳＮＳの発信、すべてにおいて「関係性」というキーワードで考えてみましょう。

あなたの独自の価値は、関係性にあるのです。

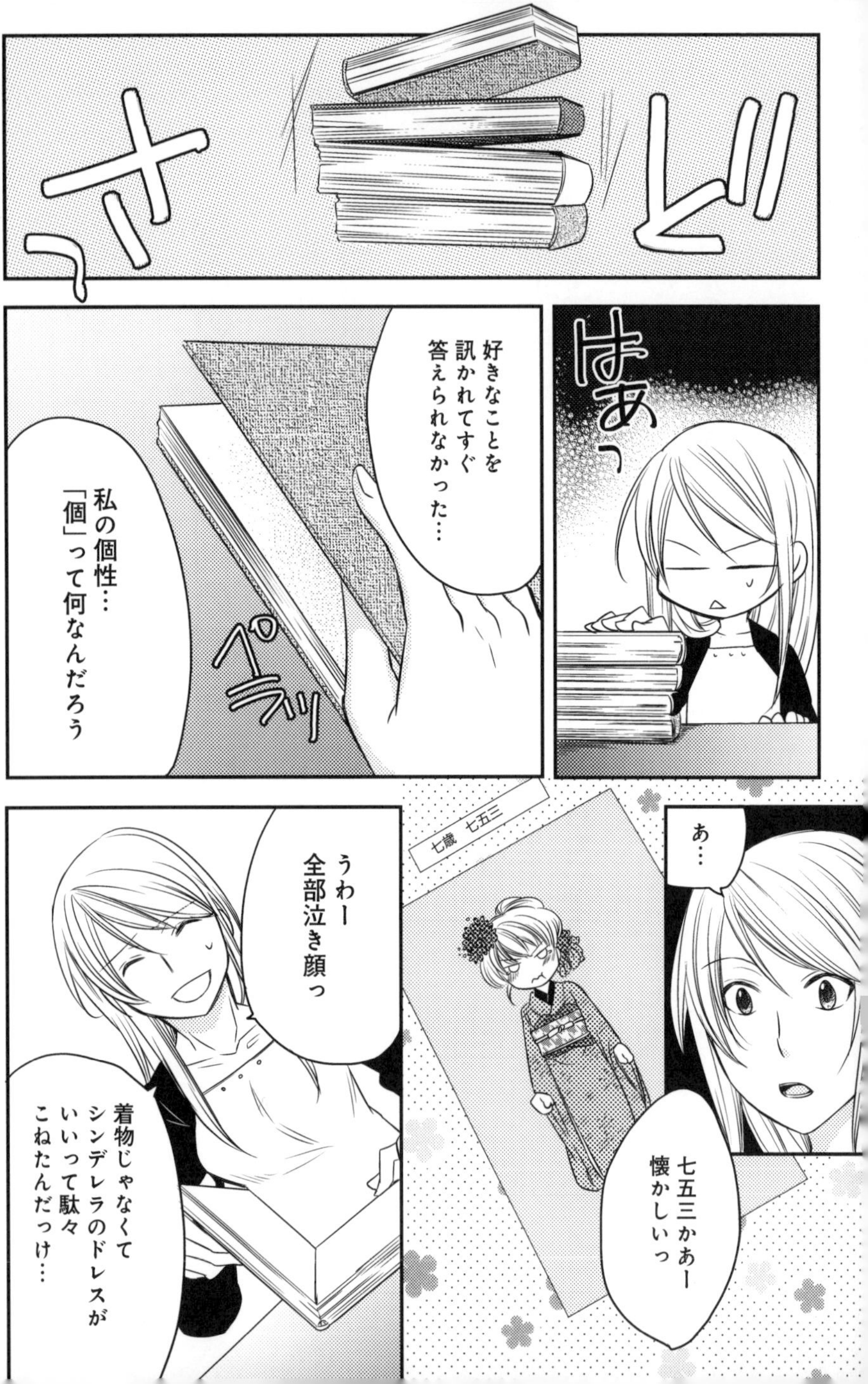
ドサッ
好きなことを訊かれてすぐ答えられなかった…
はぁっ
私の個性…「個」って何なんだろう
ペラリ
あ…
七歳　七五三
七五三かぁー懐かしいっ
うわー全部泣き顔っ
着物じゃなくてシンデレラのドレスがいいって駄々こねたんだっけ…

あ これ
競技スキーの
大会の…
結局高校で
伸び悩んで
やめちゃった
けど…
白馬っ子だもん
スキーに夢中だったなあ
で
なんとなく
大学行って
広告の仕事に
憧れて小さな
デザイン会社に
入って
会社帰りに
ジムやヨガに行って
昔はネイルも
よくやってたなー
ピロン

あ！ 返事
出すの忘れてた
のみ会 行けそうに ないって
奈ロー 今度の休み 来れそう？
……
普通に友だちと
ラインして…
ツイッターも
インスタグラムもやって…
そういえば
初めてつき合った
彼と銀座の
カルティエの前で
大ゲンカしたっけ…
今思うと
恥ずかしいなー
五龍館を
切り盛りする
働くお母さんが
大好きで…
パラリ…

ぼすっ
もーーっ
こんなフツーすぎる奴が
どうやって「個」を出すのよ
どこにでもいる20代よ!!
それに…自分を出すって怖いことだよ…
必ずしもいいほうに転がるとは思えない
そんな自信ないし…

STOP!

共感と関係性を構築するカギ……あなたの「個」はどこにある？

03

「個」を出してお客さまとコミュニケーションしよう

あなたの中に眠っている専門的な情報には価値がある

奈々、悩んでますね〜。

「個」を発信するのは難しいって思われがちですが、そんなことはありません。

まず、等身大の自分を出していけばいいんです。

自分の弱みを隠さずにたくさん出していく。肩肘はらずに素直になる。

そうすることで、相手の共感を得やすくなり、いろんなことが回転していきます。

等身大の自分を出すことができたら、**次に「プロが持つ専門的な情報」を発信する**ことを考えていきましょう。いい例があります。

ボクは、**イオン九州さんの仕事で、テナントに入っている専門店の店長さんやスタッフの方々に九州各地で研修**をしています。

販促の講義をしたあと、ＰＯＰを書く研修をするんですね。

何回も参加してくれる店長さんも多くて、好評な研修です。

やっぱり売上が上がっているからですよね。

専門店の店長さんやスタッフさんたちとかかわっていると、いつも思うことがあります。

それは「専門店の情報って、価値があるな〜」っていうこと。


本人たちにとっては当たり前の情報なのですが、一般の人にとって、それを知ることで生活が豊かになったり、得になったり、素敵な生活になったり、有益な情報だなって思う。

たとえば、先日研修に来てくれていた帽子専門店の店長さんがつくったＰＯＰ。


知っていました？

紫外線対策には、つばの長さが７㎝以上必要なんです。

キャップや小さめのつばの帽子で、オシャレに室内でかぶるのもいいのですが……

「今年の夏は絶対に焼けたくない」

そんなお客さまには、ぜひぜひつば広タイプをオススメしたいです。

こういうことって、帽子専門店の人にとっては当たり前だけれど、一般の人は知らない情報ですよね。

有益な情報をお客さまに教えて、さらに商品につなげています。

これだと売り込みくさくないし、信頼や共感もつくりやすいです。

具体的な数字が入っていることで、情報の価値も高まっています。

メガネ専門店の方が書いたＰＯＰも興味深かった。

知ってましたか？

メガネを１本作る工程と自動車を１台作る工程の数は同じなんです！

型取りから仕上げまでの工程数は、約２００工程です。

小さくても手間がかかっているんです！

そう、まるで子供のように……

そんなに工程数があるんだ！

そんなに手間ひまがかかるんだ！


知らなかったことです。


たとえばこういうＰＯＰを大きくつくって、店の入り口に貼ってあったら、そこのメガネ店の価値が高まりますよね。

専門家として知っている情報をしっかりと発信することで、価値が伝わっていくのです。

あなたも専門家、プロとしてたくさん情報を持っているはずです。

その中には、人々にとって有益な情報が必ずあります。


不満、不安、不便などのお客さまの「不」を解消する情報。

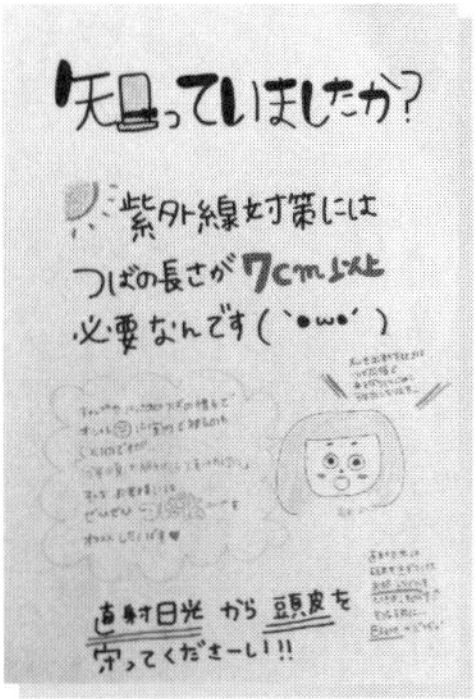

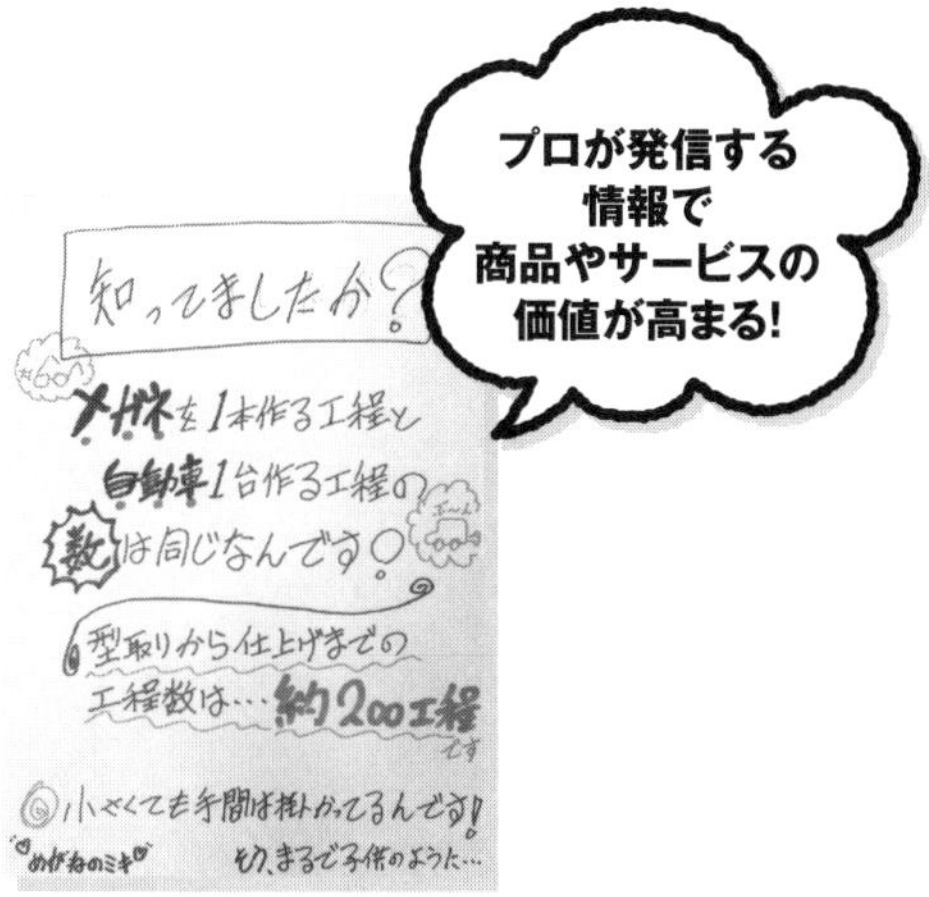

「へえ〜！」といわれるような情報。
知っていて面白い情報。

そういう情報を自分の中から探して、それを発信してみる。
わからない場合は、業界以外の友人やお客さまに聞いてみましょう。
そして、スタッフみんなで話してみる。
そこから出てきた情報を、あなたの言葉で発信してみるのです。

YouTubeに公開しただけで5000円の毛ガニが52杯売れた!

もうひとつ、あなたが持っている、プロだったら当たり前に知っている情報は、業界以外の人には、時としてものすごい価値があるという事例を紹介しましょう。

北海道小樽市に本店があり、東京では銀座や新宿高島屋に支店を持つ老舗のお寿司屋さん「おたる政寿司」。三代目の経営者・中村圭助さんもボクの塾でエクスマを学んでいます。

ある日、中村さん、カウンター越しに女性のお客さまと会話をしていました。

「毛ガニって美味しいんだけど、さばくのが面倒なのよね」

お客さまがそういったので、

「そんなことないですよ。誰でもカンタンに包丁も使わずにさばけますよ」

と、その場で毛ガニをさばいてみせてあげました。

すると、その女性のお客さまが、「すごい！　本当にカンタンなのね」と、びっくりした。

そのとき、中村さんも意外だったそうです。

寿司屋だったら誰もが知っていることだから
こんなことで喜んでもらえるんだ、って思ったのです。

いろいろとお客さまと話していて、他にも気づくことがたくさんありました。

たとえば、毛ガニの旬が、海の氷が溶ける春先だということもあまり知られていない。

そこで、中村さんは、一般の人が知らない毛ガニのことを紹介していきました。

毛ガニのさばき方の他にも、毛ガニの選び方、濃厚なカニ味噌を使った美味しい食べ方などをブログに書いていったのです。

そして、実際に、包丁を使わずに毛ガニをさばく動画をＹｏｕＴｕｂｅにあげたのです。

すると、このブログと動画の評判がよかった。すぐに反応がありました。

「もし、手間でなければ毛ガニの通販はできますか？　動画を見ていて、どうしても食べたくなりました。忙しいところすみません」

「毛ガニの旬が４月だとは知りませんでした。私の父は毛ガニが大好きです。もしよければ旬の毛ガニを送っていただきたいと思います！」

まったく売る気がなかったのにもかかわらず、こうしてわずか数日で52杯売れました。

単価は4000円〜5000円です。

これには中村さんも驚きだった。

「ボクらが普通にやっていることは、お客さまには新鮮で価値のあることなんだな」

それから、中村さんは他の魚やエビなどのさばき方を動画にしてＹｏｕＴｕｂｅにアップし始め、評判を呼んでいます。

こんなの当たり前すぎて、ブログの記事にならないんじゃないかな。

動画にしても、誰も見てくれないんじゃないか。そう思うかもしれません。

でも、あなたが普段当たり前にやっていること、考えていることは意外に価値のあることなのです。

いつもやっていることを、一度、書き出したり、見直したりしてみましょう。

そこから、あなたの価値に気づくことが、たくさんあるはずです。

「役立つ人」より「好きな人」へ

ここまで、お客さまと関係性をつくり出すことの重要性をお話ししてきました。
日常的にゆるやかな関係性をつくり出すためには、ＳＮＳやブログなど、ソーシャルメディアを使うことは、とってもいい方法です。
そして、その際に自分が持つ「役立つ情報」の発信がお客さまに喜んでもらえることも、よくわかっていただけたでしょう。

でもね、情報の発信にはひとつ、大切なことがあります。

それは、ただ単純に「役立つ情報」だけだと不十分だということ。

だって、それはあなたじゃなくても、誰かがやっているから。

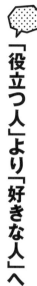

スキルやノウハウは、ある程度似てしまうものです。

ただ単純にスキル的なことやノウハウ的なことを発信していても、個性がなくなってしまう。個性がないまま発信していても、その他大勢と変わらないのです。

ここで、大事になるのが「役立つ人」より「好きな人」へ、の発想です。

これは、ボクの塾生さんの勝村大輔さん（前の項目で紹介した、美容室ガナーズのオーナーです）が講演で話していたことで、とっても響いたんです。

ただの役立つ情報は、必要のあるときしか見てもらえません。

その他大勢との競争になってしまう。

だけど、好きな人が発信する情報だったら、毎日何を発信していても、見てもらえる。

独自性が出てくるということです。

なるほど、納得しました。

同じ内容でも、そこに自分の物語を付加することで、オリジナリティ（個性）が出てくるのです。

そして等身大の発信者が見えることで「共感」しやすくなる。

共感を持ってもらい、関係性を構築していくことが大事なのです。

「役立つ人」より「好きな人」へ。

単に役立つ人になるのではなく、好きになってもらうこと。

好きになってもらうためには、相手のことが好きじゃなきゃね。

まずあなたのほうから、お客さまを好きになる。

そこからスタートです。

相思相愛の関係になることを目指しましょう。

そのためにも、あなた自身の個性を出さなければならないのです。

白馬 ホテル 五龍館
結局何も浮かばなかった…
あら？もしかしてあなた
奈々ちゃん？
はい 奈々…ですが
あもしかして先代のゆかり女将からの？

ええ よく利用させて いただいていたの
そうなんですか！ ありがとうございます 今は娘の私が女将を務めております
新米ですが
そうだったのね
あんなに小さかった奈々ちゃんがこんな立派に…
ねぇ
ああっ
新米女将を応援しなきゃな
はい！ がんばりますので今後ともごひいきになさってください
もちろんよ
気負わず奈々ちゃんの五龍館をつくっていってね
楽しみにしてるわ

気負わず…
私の五龍館
私は私なりの…
無理に「個」をつくるんじゃなくて…
私自身の存在が「個」だとしたら何ができる?
肩肘はらず弱みも隠さず全部見せる
経験がないからダメなんじゃなくて…

経験がないからこそ
チャレンジできる
がんばることができる！
決めた…!!
私が発信するのは
等身大の自分
今の私…！
ばッ
田中さん!!
顧客リスト
お願いします
うんと
古いものから
全部！
ん？
新しいプラン
出します！
女将
中村奈々

大成功ですね 奈々さんの「がんばらせていただきます」プラン
はい！
予約も続々と入ってます
手紙やSNS ブログを見てくださったお客さまが
奈々さんを懐かしんで応援に来てくださった
奈々です！がんばらせていただきますプランのお知らせ
いつも白馬のホテル五龍館をご利用くださり　ありがとうございます。
ぜひ白馬にお越し下さいま
先代のゆかり女将から聞きました
奈々さん子供の頃よくお客さまのお相手をして
ようこそ五龍館へ!!
看板娘みたいだったたって

だからこそ このプランは 奈々さんにしか できない
プラン なんですね
嬉しい… こんなにもたくさんの方が 私を覚えていてくださった 五龍館に来てくださった
奈々さん ブログのコメントも たくさん来てますよ！
よかった… このまま スキーシーズンに 入ってくれれば なんとかなりそうね
ほっ
でも
もっと情報を発信し続けて お客さまと コミュニケーションを 取っていこう

STOP!

新規客が増えれば売上が上がると
思っていませんか？
でも、本当に大切なのは、あなたに
一度でも関心を持ってくれた人！

04

既存客を死ぬほど大切にしよう

江戸時代の豪商は火事になったら何を持って逃げるか

ボクはいつも、いっていることがあります。

「新規顧客より既存顧客を死ぬほど大切にしよう！」

これは、ビジネスにおいてすごく重要な概念です。


売上が上がらなくなると、ついつい新規のお客さまにばかり目が行きがちです。

でも、既存のお客さまを大切にしたほうが売上は上がります。


既存のお客さまのほうが買ってもらいやすいのです。

なぜかといえば、既存のお客さまは、一度は皆さんの会社や商品に興味を持ったお客さまだからです。

すごくカンタンな話ですが、ちょっと考えてみてください。

あなたはレコード会社の宣伝マンだとします。

山下達郎の新譜CDアルバムをイベント会場で売らなければなりません。

イベント会場の候補は2カ所あり、イベントの参加人数と内容を吟味して、そのどちらで売るかを決める責任者があなたです。

あなたのミッションは、できるだけ多くの山下達郎の新譜を売ることです。

1つ目のイベント会場はさいたま市にある、日本最大のサッカー専用スタジアム「埼玉スタジアム」。

確実に6万人が集まります。

イベント内容は、サッカーのサンフレッチェ広島対浦和レッズ戦。

ナビスコカップの決勝です。

もう1つのイベント会場は、東京・九段下にある東京武道館。
参加人員は1万人です。
埼玉スタジアムの6分の1です。
イベントの内容は、「山下達郎コンサート」です。

あなたならどっちで売りますか？（笑）

絶対に武道館で売りますよね。
どう考えても……、素人が考えても、そっちのほうが売れるに決まっています。
当然です。
それは、1万人しかいなくても、その全員が山下達郎に関心がある人だからです。
浦和レッズのファンの中にも、山下達郎のファンはいるかもしれません。
でも、その日はサッカーを見に来るわけです。
山下達郎のCDは買いません。

関心のある人に関心のある商品を売る。

それが一番カンタンな方法です。

既存のお客さまは、一度はあなたの商品に関心を持った人です。
あるいは、一度は皆さんのお店に買いに来た人。
一度は皆さんの会社と取引した人です。
かつて一度は関心を持ってくれた人なのです。

その人にもう一度「買ってください」というほうがカンタンです。
だから、新規顧客へのアプローチを目指すよりも、まず既存顧客を大切にして、その次に新規顧客を考えるほうがいいのです。

売上や集客が減ってきたなと思ったら、まず顧客名簿を出して、その人たちにアプローチすることです。

お手紙を書いたり、ご挨拶をするだけでも、ちがいが出てきます。
新規顧客より既存顧客を死ぬほど大切にしましょう。

それがビジネスの真理です。

これは、われわれの大先輩、江戸時代の商人がいつもいっていたことでもあります。
お馴染みさんを大切にしよう、ということ。

「毎度ご愛顧ありがとうございます」

そういう言葉ってあるでしょう?
日本の商売人は、真理をちゃんと踏まえて商売をしていたわけです。

江戸時代の豪商は、もし店が火事になったら、何を持って逃げるか?

現金でも商品でもなく、お客さまの台帳を持って逃げる。
それを徹底していた。

店や商品やお金は、がんばればなんとかなる。

でも、何十年もかけて構築してきたお客さまとの関係性は、なかなかもとに戻せません。

ただし、顧客台帳があれば、また立ち上がることができます。


復活できるってこと。


だから、おなじみさんを大切にしたんです。

真理です。

第4章

お客さまを巻き込んで思い切り楽しもう！

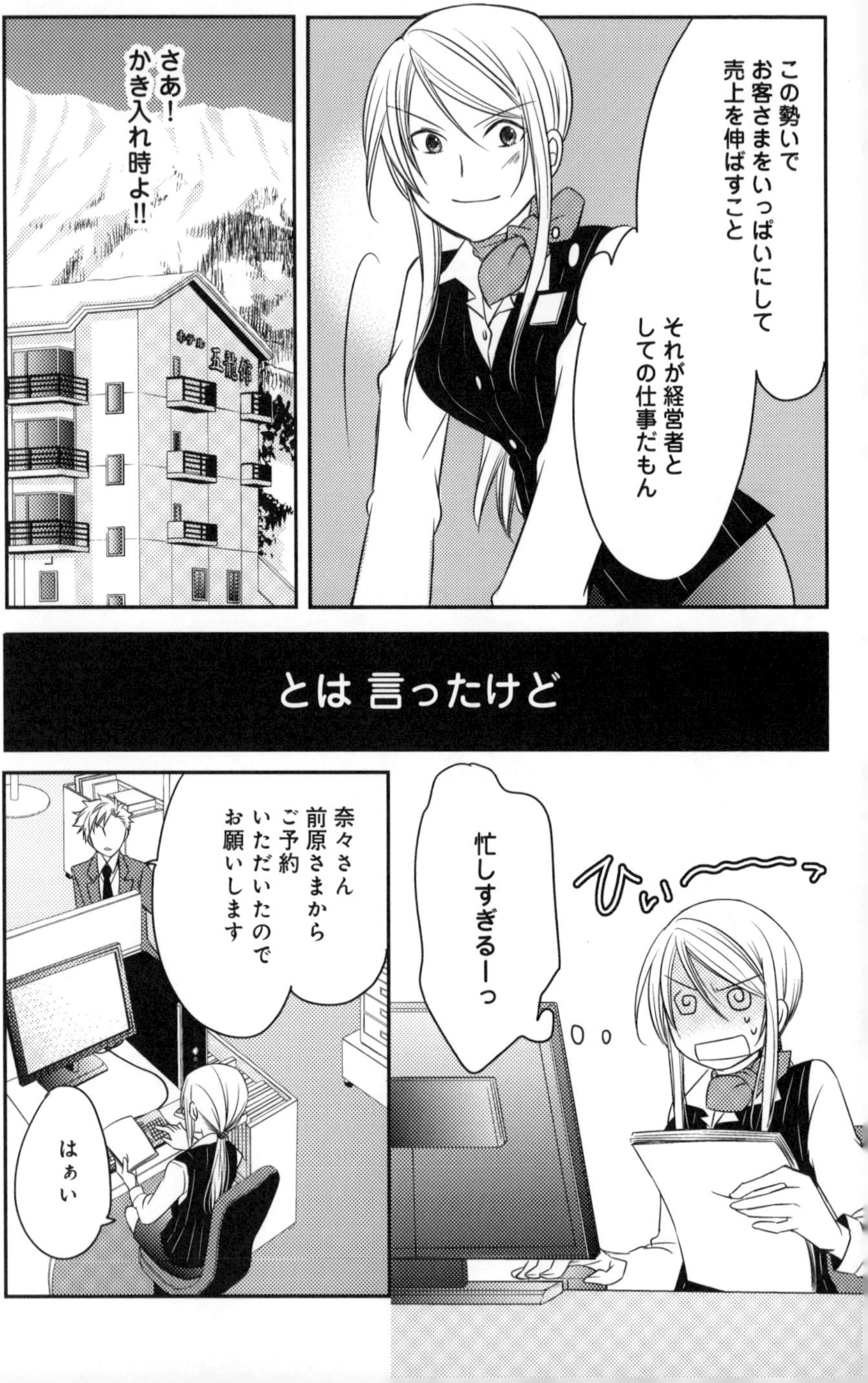
この勢いで
お客さまをいっぱいにして
売上を伸ばすこと
それが経営者としての仕事だもん
さあ!かき入れ時よ!!
五龍館
とは 言ったけど
ひぃ〜〜〜っ
忙しすぎるーっ
奈々さん
前原さまからご予約いただいたので
お願いします
はぁい

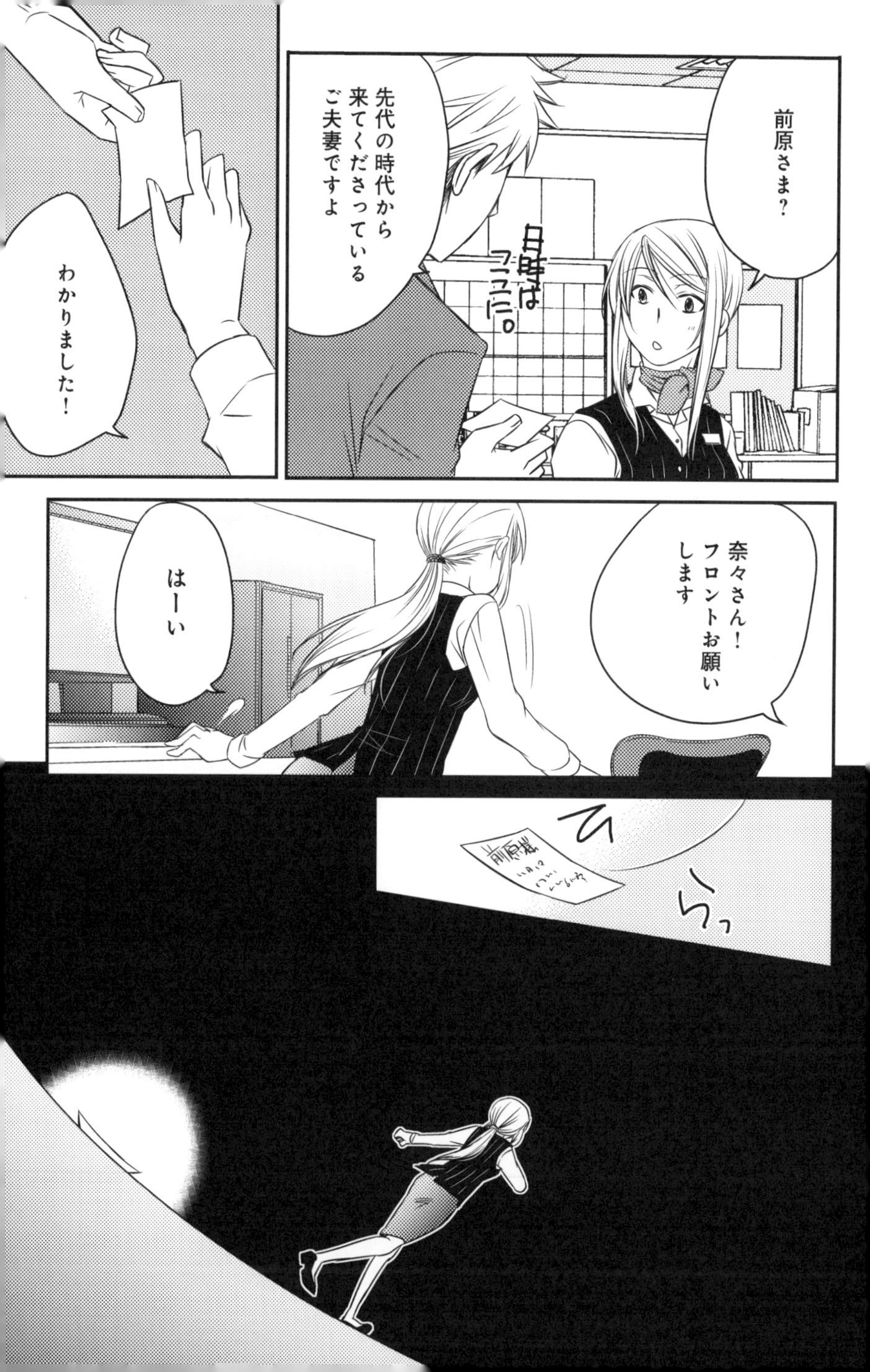
前原さま？
先代の時代から来てくださっているご夫妻ですよ
日時はココに。
わかりました！
奈々さん！フロントお願いします
はーい
ひらっ

1カ月後
白馬 ホテル
五龍館
いらっしゃいませ ようこそ五龍館へ
予約していた 前原ですが
はい!! 前原さま お待ちしておりました 少々お待ちください
確かに 前原さまの 予約を…
カタ
カタッ
あれ? 前原さまの お名前がない…

はっ
私…予約を入力していない…!!
どうかしましたか？
あ…いえその…
どうしよう今日は満室だしすでに他のお客さまのチェックインは済んでる
予備の部屋もないし…
ちらっ
私のミスだ正直にお詫びしよう
あの…前原さま申し訳ありませんが
少々あちらの応接室へお越しいただけますか？
？
はあ…

大変申し訳ありませんっ
折角お越しいただいたのにこちらのミスでこのようなことになり本当に申し訳ありません
わかりました
残念ですが仕方ないですね

ありがとうございます!
お詫びといたしまして次回使える無料宿泊券をお受け取りください
五龍館
無料宿泊券
でも…
いいじゃないかありがたくいただこう
よかった…わかってくださるお客さまで
じっ
そうか…たしか前原さまは先代の時代からの…
お手紙…読んだわあの小さかったお嬢ちゃんが女将に…
こんな立派になられて
いえ私はまだまだです…
今日だって…
はっ

あ…あの
前原さま…!?
本当に申し訳ないとミっ
あちっ
あちっ
やだ…
ごめんなさい
違うのよ
ほろ
ほろ
ほろ
恥ずかしいわ
奈々さんを見ていたらつい…
では私たちはこれで
また来年来ます

前原さま
どうして涙を…
奈々さん！
あ…
今回の件は
本当にすいませんでした
ペこっ
いえ 私も
伝え忘れてました
申し訳ありません
伝え
忘れ…？
実は…
今日は
前原さまのご子息の
ご命日なんですよ
え…!?

そんな大事な日にどうして五龍館《ウチ》を…？
ご家族でのスキーがお好きで毎年五龍館にお泊まりになられていたんです
でも山でご子息が亡くなられて…
このホテルでの思い出 そしてここから見える山が大好きだったご子息を偲んで
ご夫妻はいつも同じ部屋で同じ風景の中でご子息の思い出話をする

その時間が前原さまご夫妻の旅の目的
このホテルでしか体験できない大切な時間だったんです
ごめん…なさい 私…
私のしていることって……

STOP! 自分の扱う商品・サービスに「愛」はありますか？

01

自分の売っているものにどれだけ「愛」があるか？

「あなたはどちらで買いたいですか？」

自分はお客さまに本当は何を売っているんだろう。
売上ばかりを追いかけて、お客さまを大事にできていなかったんじゃないか。
そもそも、自分は自分の扱っている商品やサービスに愛情が持てているのか。
奈々の思いにはっとした人も多いかもしれませんね。

ボクはこう思うんです。

そもそも売っている商品に興味がないとか、好きでも嫌いでもないとか、そんな人がやっている会社の商品が売れるでしょうか？

あなたは、そういう人からものを買いたいですか？

自分の扱っている商品やサービスにどれだけ愛情を注ぎこめるか。
これからの時代は、それが大切になってくるのです。

たとえば、あなたがジャズが大好きで、引っ越しを機に、新しいハイレゾのオーディオセットを買いたいと思ったとします。

好きなジャズをとてもいい音で体感するために、奮発して買おうと思っている。

店が2軒あります。

考えてみてください。

1軒目は、家電量販店。定価の20%オフで売っています。

一通り製品のことはわかっているけれど、音楽好きのスタッフもオーディオ好きのスタッフもいない。

というか、いるかもしれないけれど、それが誰かがわからない。

ともかく今月のノルマを達成することが至上命令。

2軒目は、音や映像機器の専門店。定価販売です。

スタッフはみんな音楽好き、特に店長はジャズがとっても好き、店の地下のスペースにはオーディオルームがあり、いい音を聴かせてくれます。

自分が売っている商品やサービスが大好き。

どっちで買いたいですか？

ボクだったら、安売りをしていなくても、2軒目で買いたいと思う。

だって、それだけジャズが好きだったら、ジャズ好きのボクのために、条件内でいいものを提供してくれるにちがいないと思うからです。

信頼ができるってこと。

2014年、パナソニックの伝説的な音響システムのブランド「テクニクス」が約5年ぶりに復活、という報道がありました。

愛好家向けの超高級ハイレゾなオーディオを扱うブランドです。

１９７０年代、ボクが高校に入学したときに、両親からお祝いにオーディオのコンポを買ってもらった。それが、テクニクスのセットでした。

アンプ、スピーカー、チューナー、プレイヤー。

その復活を知って、とっても懐かしい思いがしました。

それと同時に、パナソニックはさすがだなと思った。

もしかすると、**オーディオの商品、それもかなりハイクオリティな商品なんて、そんなに市場が大きいわけじゃない。**

だって、多くの人たちは、音楽をダウンロードして聴く。

スマホとかで音楽を外に持ち出して聴く。

家で聴くのもイヤフォンで聴いたりしています。

ハイクオリティなコンポは必要ない。

ボクも家で仕事をしながら音楽を聴くときは、ｉＰｈｏｎｅとブルートゥースでつながるボーズのミニスピーカーを使っている。

そんな時代に、一度廃止したブランドを復活させた。

なんだかパナソニックの「思い」というか「情熱」を感じます。
そのテクニクス事業推進室室長に抜擢されたのが、小川理子さん。
パナソニックでは史上ふたり目の女性役員という人です。

そして、ここがすごいのだけれど、彼女は現役のジャズピアニストだということ。
海外のジャズフェスティバルに出演したり、ライブやコンサートをしたり、ＣＤも10枚以上出している。

そしてパナソニックでは音響研究の専門家。
まさに適任です。

女性で、現役ジャズピアニストの社員を室長にして、テクニクスを復活させる。

なんだかこの会社の懐の深さを感じるエピソードです。

小川さんが、音楽が大好きなのはいうまでもありませんよね。
音楽に関心ないわけがありません。
そしてそんな人がキーパーソンとなっている製品です。

きっといいものになる。

単純にそう思うんです。

自分が扱う商品やサービスが好きだということは、愛です。

愛があるかどうか。

これからビジネスで成功したかったら、これがとても大切な要素になる。

自分の扱っている商品になんの関心もなかったら、それは必ず人々に伝わります。それと同じように、好きだということや情熱も、やはり伝わるのです。

パナソニックは熱いパッションを大切にする会社。そう感じた。

高級オーディオブランド「テクニクス」を復活させるということは、会社のそういった姿勢を発信することにつながるのです。

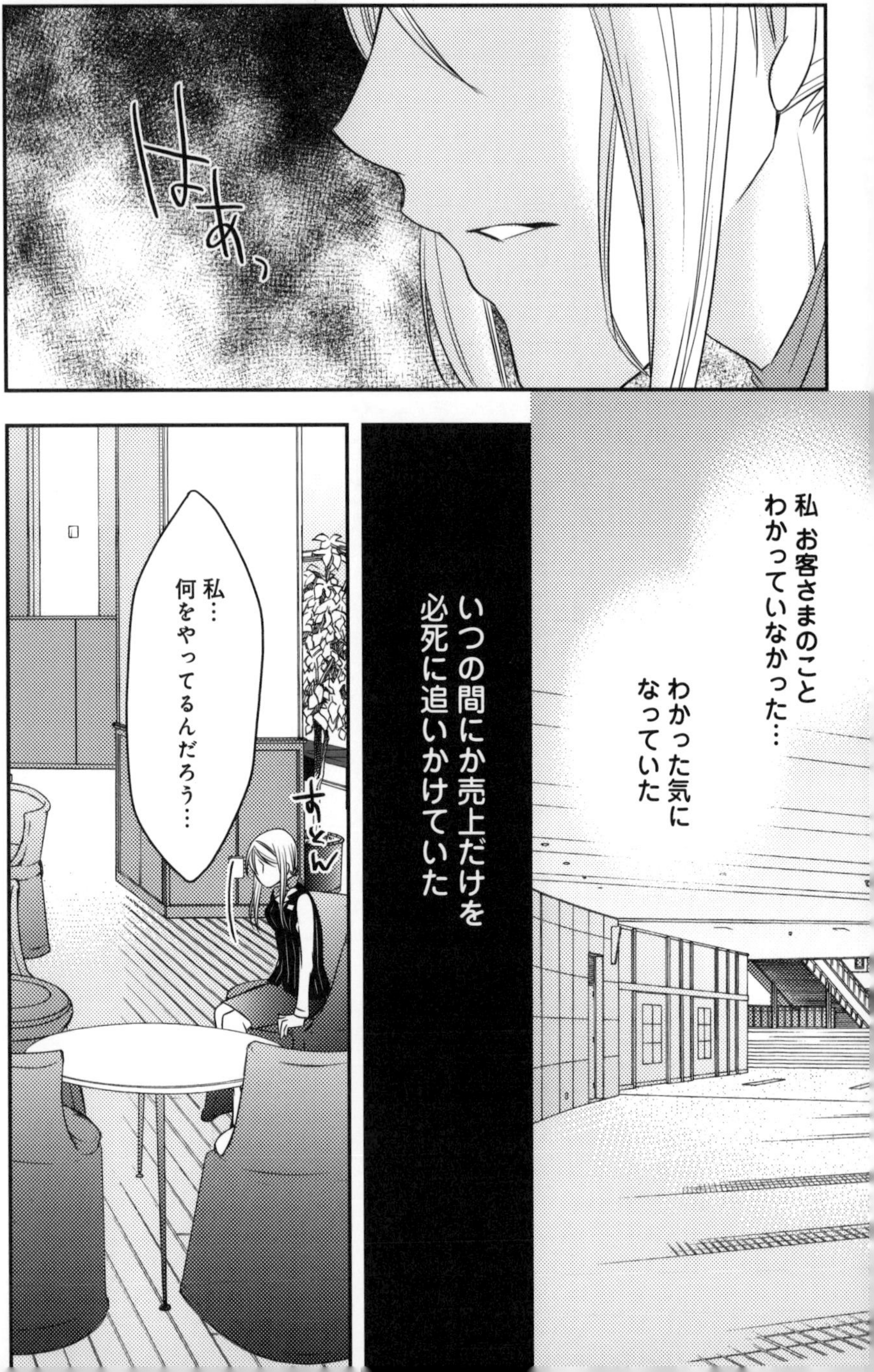
はあっ
私 お客さまのこと
わかっていなかった…
わかった気に
なっていた
いつの間にか売上だけを
必死に追いかけていた
私…
何をやってるんだろう…

元気が
ないね
奈々ちゃん
だよね？
ブログやツイッターを
いつも見てるよ
は…はいっ
ありがとう
ございます！
しゃきっ
やだっ
お客さまが
いらした
のに
ああ
どうぞ座って
少しお話ししても
いいかな？
えっ
あ…
あの…

ボクはマーケターの藤村正宏
キミのお母さんのゆかり女将から頼まれて
キミの様子をずっと見ていたんだ
私を？
キミがここまでやってきたこと思い出してごらん
五龍館
やってきた…こと？

ぱっ
お客さまが好きなのは安売りだったかな？
お客さまは安売りが好き
安くしても
お客さまは笑顔になってくれませんでした
お客さまが本当に喜んでくれたのは…

親子で
一緒にカブトムシを
採ったり
大自然の中で
ふれ合ったりすること
だったんです
そう
キミが売っているのは
モノじゃないんだ
どんなビジネスも
「体験」を売って
いるんだよ

お客さまは商品が欲しいわけじゃないんだ
たとえば「お客さまは羽毛布団が欲しいんじゃない
快適に眠りたいそれで健康で長生きな人生を手に入れたい」
この「健康で長生きな人生」という目的に気づくことがビジネスの真理なんだよ
ここから
エクスマ「エクスペリエンス・マーケティング」は始まっているんだ
エクスマ?!

エクスペリエンス
「体験」だよ
そういえば昔
キミがクリスマス・イブに
本当に欲しかったものも
今ならわかるん
じゃないかな？
クリスマス・
イブ…!!
私が本当に
欲しかったモノ…

そう…か
私が欲しかったのは時計というモノではなく
彼とクリスマス・イブに銀座のカルティエ本店のゴージャスな雰囲気で恭しい接客の中時計を買う　特別な素敵なクリスマスの「体験」…
それに気づいて商品・サービスを考えて発信していくことが五龍館の「独自の価値」であり
キミの「個」を出すことになるんだ

独自の価値…
「個」を出す？
ナポリタンだってそうだよね？
はい
そう これだけ商品・サービスが溢れている時代
選んでもらえる個性がなかったら 選んでもらえない環境になっている
「個」を出して発信することで お客さまと関係性が築けて
じゃん
奈々です！がんばらせていただきますプラン
奈々ちゃんに会いたい 五龍館に来たいっていうお客さまが増えたよね

はい……！
確かに！
押しつけではなく
焦らず急がず
関係性をつくり出す
この「ゆるやかな関係性」が
これからの
繁盛の
キーワードに
なるんだ
それに
キミは一人じゃない
たくさんの人と
一緒にここまで
やってきたんだから

キミは五龍館の
新米女将として
お客さまのことを
考えてエクスマを
実践してきたんだ
七転び八起きでも
ちゃんと前に
進んでいるよ
でも…っ
でも…私…
お客さまや
スタッフのみんなに
迷惑かけちゃったし
がんばっているのに
空回りする
ばっかりで…

誰かに認められたい
誰かに褒められたい
ボクはそれが人を不自由にすると思うんだ
不自由？
大事なのはキミがどうありたいか
他人からどう思われたいかではない

私が…
どうありたいか…？
私…は…
知ってるかな？
「経済」の語源は
『経世済民』

いかにキミの
仕事で世の中を
よくしたり
身近な人を
仕合わせにするかが
大事なんだよ
関わったすべての人が
仕合わせになっていく
五龍館に関わった
ことによって
ハッピーになっていく
何億円売り上げるとか
会社を大きくすることが
大事じゃなくて…

みんながハッピーかどうかが
大事なんじゃないかな？
みんなが…
ハッピーに…

私…は
このホテルを
みんなの笑顔や
お客さまの喜んで
くださる姿で
いっぱいにしたい…!!
部屋や料理が
ホテルの価値じゃない
「ただいま」とお客さまが
帰ってこられる場所にしたい
白馬 ホテル
五龍館

その場所を守っていくのが
私の価値…
私の「個」…!!
いつの時代でも物事の本質「真理」が何かを見つめることが大事なんだよ
これはビジネスでもプライベートでも同じこと
SNSが普及して企業が発信する情報よりも
友人や知人のウソのない情報を信用するようになったから
ローリー 女性 30代
全体的に設備が古い。スリッパなんてボロボロ。もう二度と行かないと思いま
ヤマさん 男性 40代
部屋が明かりをつけても薄暗い感じだった。
ミカ 女性 20代
お料理が安っぽ
味付けもし

会社やお店も
自分の利益ばかりを
考えるのではなく
お客さまのほうを
もっと見ることが
大事なんだ
マーケティングの
手法は時代に合わせて
変わっても
基本の考え方は
変わらないよ
キミは
キミのまま
輝いていれば
いい

キミの「個」は必ずみんなの心に届くから
はいっ

STOP!
ビジネスの真理を実践して圧倒的に輝こう！

02 ビジネスの基本に返ろう

本質が表ににじみ出る

ボクはマーケティング・コンサルタントですが、そうした人たちがよく口にする「利益」という言葉をほとんど使っていません。

昔ならいざ知らず、今は時代が様変わりしたのです。

「企業の第一の目的は利益を上げること」と定義しているから利益が出ない。そう思う。

経営者や多くのビジネスパーソンが、「企業の目的=利益」と思考することで、苦しみが生まれたり、悩みが生まれたりします。

ビジネスを味気のない、砂をかむような不毛なものに堕落させてしまいます。

伝わってますか？

社会が大激変していることを認識することが大事です。

「個人の利益を追求していた時代から、全体の利益を考えるように、世の中の仕組みや思考が変わってきている」

そういうことです。

お店で考えてみましょう。

利益ばかり追い求め、なにがなんでも売りつけようとギラギラとした店員さんがいるお店や、感じの悪い店員さんがいるお店には二度と足を運びたくないですよね。

「お客さまが来ない」と嘆くのではなく、お客さまが来たくなる雰囲気をつくることです。

いい商品だけではダメ。

いい商品と、優しい笑顔あふれる居心地のいい店だったら、「また来たい」と思ってもらえるわけです。

これが、商売の基本に返るということ。「真理」です。

何度も来てくれる、お客さまとのつながりが大事です。

ソーシャルメディアが普及したことで、会社だって隠し事なんてできない時代になりました。

いっているコトとやっているコトにちがいが出てくると、お客さまはカンタンに気づくのです。

そして、離れていってしまいます。

「社会的なミッション」を掲げているのに、実際は自分の会社の利益追求が一番。

そういう姿勢はすぐ見透かされてしまう。

「すべての女性を美しくしあわせに。美で豊かな社会を創り出す」

そんな企業理念の会社なのに、今月のノルマが足りないからと必要のない商品まで押し売りをする。

それは理念に合わないことです。

いっていることとやっていることがちがえば、当然、バランスが崩れ不自然な経営になります。

それはお客さまもすぐにわかります。

店頭の商品を見ているだけなのに、ここぞとばかり飛んできて、商品の説明を始める。無理やりカタログや資料を渡す。どんなに笑顔の接客でも、その笑顔はニセモノだと見透かされてしまいます。

これからの時代は、本質的なことが表面に出る時代です。

会社の目的が「利益最優先」で、ギリギリのところでビジネスをしていると、それがすべて相手に伝わる。

社会的ミッションを持って仕事をしている会社は、やっぱり評価され、売上も利益もあがる。

一見、同じような経営者で、同じ時代で、同じ条件で、同じようなビジネスをしていても、繁栄したり衰退したり、大きなちがいが出てくる。

目に見えないところが、ものすごく大切だということです。
そして、この傾向は今後、ますます顕著になっていくはずです。

成功している企業はみんな「社会や人々を仕合わせにする」という「真理」を実践しています。

販促のやり方やマーケティングのシナリオは時代に合わせて変わっても、この基本の考え方は変わらない。すべてのビジネスに共通する、成功するための条件だからです。

「真理」というのは「基本に返る」ということ。
なんでも基本に返って考えてみる。
商売の基本に返る。
そうすると、どういうビジネスが成功するかがわかります。

自分のビジネスの本質は何か？

それに気づいて、あなたも圧倒的に輝きましょう。

ビジネスの世界がエクスマになってきた

講演やセミナーをしていて、最近、実感していることがあります。

「ビジネスの世界がエクスマになってきた」

もっといえば、**エクスマ的にビジネスを考えなければ、うまくいかないし、楽しくないってこと。**

えらそうに聞こえるかもしれませんが、本当にそう感じています。

もうビジネスの概念を変える時期に来ている。これは今の時代の真理です。

ここまでにお話ししてきたことのまとめの意味で、エクスマ的にビジネスを考えるポイントを説明しましょう。

- **モノを売るな！「体験」を売れ！**
- **お客さまのニーズを聞くな！**

必要なものを、すでに手に入れている生活者に欲しいものはありません。

つまり、ニーズがないのです。


何が欲しいですか？　と聞いても、新しいものなんて発想できない。

ニーズが明確な商品、生活者が必要と思っている、たとえばガソリンやトイレットペーパーとかは、価格競争に巻き込まれやすい。

だから、生活者が想像もできないモノやコトを目の前に見せてあげること。

そして欲しいと思ってもらうこと。

こうしなければ、あなたは一生安売り生活です。

差別化するな、独自化せよ

差別化をしようとするのは、お客さまのほうを見ていない証拠。

競合他社ばかり気にして、消費者不在に陥りやすい。


あなたの価値を認めてくれるのは、競合他社ではなく、お客さまだという単純なことを忘れないように。

●お客さまは神さまではない

お客さまを神さま扱いしていると、上下関係ができてしまいます。

「いらっしゃいませ」という言葉を使うのではなく「こんにちは」という言葉に変えてみるだけでも、関係性が変わります。

お客さまと思うのではなく、仲間や友だちと思うことが、これからは大事になります。

●顧客満足を向上させてもリピーターは増えない

顧客満足とリピーターに相関関係はありません。

どうして二度と来店や利用してくれないかというと、忘れてしまうから。

だからリピーターを増やしたかったら、コンタクトをとることが大事です。

忘れられないように努力をすること。

ニュースレター、ブログ、ＳＮＳなどのソーシャルメディアで発信して関係性を築くことが大切になります。

ONとOFFを分けるな、公私混同せよ

成功している経営者やビジネスパーソンは、24時間仕事が頭から離れません。家族と過ごしていても、遊んでいても、眠っているときだって仕事のことを考えている。

それが成功する条件といってもいい。

だから、公私混同なんです。

24時間仕事をしている人と8時間しか仕事をしていない人では、結果が3倍以上ちがってくるのは、当然です。

だから、仕事を好きになること。

遊びのような仕事、仕事のような遊びが大事です。

緻密な計画よりも、大雑把で臨機応変な計画を

緻密な計画を立てても、世の中の変化が激しいのですから、それはムダなことです。

5年計画を出せ、なんていっているようでは経営者失格。

5年先なんて、誰も想像できないSFのような世界になっています。

そんなの計画なんてできません。

大雑把な計画を立て、臨機応変にジャズの即興演奏のような経営をするのが、今の時代の成功する経営です。

●ビジネスは戦いではない、戦略思考を捨てよう

誰と戦っているの？

そういうことです。

お客さまを攻略するとか、囲い込むとか、同業他社と戦うとか、なにかにつけて戦争用語を使う。そういうビジネスをしていると、いずれ生活者から見放されてしまいます。

●迷ったらどちらが儲かるかではなく、どちらが楽しいかで選ぼう

ビジネスや商売は厳しいものだ、だから楽しむなんて不謹慎だ。

そういう考え方だと、これからのビジネスは成功しません。

楽しい会社、楽しい店、楽しい人。それがお客さまや生活者に伝わっていきます。

人は楽しいところが好きです。

楽しい人が好きです。

だから、繁盛するのです。

関係性が重要

人は同じ商品を買うのなら、関係性の深いほうで買う。これは真理。当たり前のこと。
だから、関係性を築くことが大事です。
既存顧客を死ぬほど大切にすること。
そうしていたら、新規客も増えるのです。それが原理原則ですから。

以上のような思考が、これからのビジネスには絶対的に必要になってきます。
これに気づいている企業はもう圧倒的に先を走っています。
でも、まだ大丈夫です。

今からエクスマをもっと体験して、自分のものにして、あなたとあなたのまわりの人を仕合わせにしてください。

白馬ホテル五龍館
奈々さん団体のお客さまお着きです！
はーい
ぱたぱたっ
タッ
ピ
では
今日もお客さまにたくさん笑顔になっていただきましょう！
はいっ
新米女将 中村奈々

奈々さーんっ
またトラブルが——
ーんっ
今行きます！
おわり

おわりに◎個性を磨いて、積極的に発信しよう！

「普通の人の持つ影響力」が大事な時代になってきた。ボクはそう思っています。

どんな普通の人でも、影響力があります。必ず何らかのコミュニティに属している。そういうボクやあなたのような、普通の人の影響力が大きくなっているのが、現代のソーシャルメディア社会なんです。

影響力を持つということは、価値のある個性を発信するということです。
自分の得意なこと、世のため人のために役立つこと。
自分自身が自分の個性を知ることが大事です。

独りよがりではなく、人が求めてくれる、人に認めてもらえる、世に役立つ能力は何かに気づくこと。

自分がひまわりであるならば、薔薇の人生を羨んだり、妬んだりするのではなく、自分の弱点も長所もすべて受け入れ、ひまわりとしての人生を磨いていくのです。その能力にそった心の動きが取れるときが、基本に返った生き方になります。

今の時代、世の中はどんどん平均的になっていく傾向があります。だから、自分の持つ個性を引き出すことが大事なんです。

自分の持つ能力、個性をさらに磨き、積極的に使っていくことです。現実を受け止め、自分の弱いところは補い、自分の強みは惜しみなく人に与えていくことです。

今日もあなたの笑顔でまわりの人を仕合わせにしてあげてください。

Don't Forget Your Smile!

藤村正宏

【著者略歴】

藤村正宏（ふじむら　まさひろ）

1958年、北海道釧路市生まれ。釧路湖陵高校から明治大学文学部（演劇学専攻）へ進む。早稲田大学演劇研究会にて演劇をプロデュース。大学卒業後、（株）京屋にてヴィジュアルプレゼンテーション、ニューヨーク大学にて映画製作等を経験後、フリーパレットを設立し、ウインドゥディスプレイに従事。1992年、（株）ラーソン・ジャパン取締役就任後、各種集客施設（水族館、博物館、テーマパーク、レストラン、ショップなど）の企画設計を手がける。集客施設の企画に演劇の手法を取り入れて成功。実績が証明されるにしたがい信奉者が増える。特にヒトの潜在意識に影響する要素を注意深く分析して企画に取り入れるほか、体験を売るという「エクスペリエンス・マーケティング」の考え方で集客施設や会社のコンサルティングを行う。『安売りするな！「価値」を売れ！』『やっぱり！「モノ」を売るな！「体験」を売れ！』『「高く」売れ！「長く」売れ！「共感」で売れ！』（いずれも小社刊）等、著書も好評を博している。フリーパレット集客施設研究所主宰。

［公式サイト］http://www.ex-ma.com/

【漫画】

矢尾なおや（やお　なおや）

角川書店からデビュー。「LINEマンガ」にて『初恋セレクト』『きみの風がきこえる』を連載、高い人気を得る。「酒場のグルメ」「ごはん処なつかし屋」（以上、ガイドワークス刊）、「コスプレチャンネル」（シムサム・メディア刊）にて執筆中。

マンガでわかる！

安《やす》売《う》りするな！「価値《かち》」を売《う》れ！

2016年2月12日　初版第1刷発行
2016年11月3日　初版第4刷発行

著　者――藤村正宏

漫　画――矢尾なおや

発行者――岩野裕一

発行所――(株)実業之日本社

〒153-0044　東京都目黒区大橋1-5-1　クロスエアタワー8階
電話 03-6809-0452（編集部）
03-6809-0495（販売部）
http://www.j-n.co.jp/

印刷所――大日本印刷(株)

製本所――(株)ブックアート

ISBN978-4-408-11167-4（第一ビジネス）